Des origines de la magistrature française

Des origines de la magistrature française

Ouvrage basé sur les travaux de :

C. Louandre & J. Le Berquier

Collection « *Les Pages de l'Histoire* »

Editions le mono

ISBN : 978-2-36659-856-8
EAN : 9782366598568

Première partie :

Les origines de la magistrature française[1]

L'inamovibilité des juges et leur nomination par le pouvoir exécutif sont en ce moment mises en discussion ; sous prétexte d'assurer aux populations et au gouvernement lui-même de nouvelles et plus sûres garanties, on veut bouleverser de fond en comble notre établissement judiciaire et lui donner d'autres bases, en poussant à ses dernières limites l'application du suffrage universel. En présence de ce fait qui met en question l'un des principes fondamentaux de notre droit public, il n'est pas sans intérêt de chercher comment la magistrature française est sortie du chaos du moyen âge, par quelle longue suite de transformations elle est arrivée à se constituer dans sa forme actuelle, et de demander à l'histoire si les changements que l'on propose ne seraient pas en certains points un simple

---

[1] Par C. Louandre.

retour aux traditions de l'ancienne monarchie et aux temps les plus sombres de la terreur.

I

Dans les tribus de la Germanie, on le sait, le droit de juger appartenait à tous les hommes libres ; il leur fut maintenu dans la Gaule, et ils continuèrent de l'exercer dans des assises connues sous le nom de *mallum, placitum, conventus*, mais, en se fixant sur le sol qu'ils avaient conquis, les Francs se trouvèrent engrenés dans les rouages de cette puissante machine qu'on appelle l'administration romaine. A côté du jury des hommes libres, ils placèrent des officiers dont les fonctions répondaient assez exactement à celles des présidents de nos tribunaux, et qui étaient particulièrement chargés de faire obtenir, par les voies légales, à l'offensé ou à ses proches, les dommages et intérêts qu'ils auraient voulu se procurer par la force. Ces officiers, empruntés à la hiérarchie impériale, étaient, en partant du dernier degré : pour les villages, les dizainiers, qui succédaient aux *magistri pagorum* des Romains, — pour les cantons, les centeniers, — pour les arrondissements formés de plusieurs cantons, les comtes et leurs lieutenants les vicomtes ; toutes ces juridictions connaissaient des procès entre personnes privées, ainsi que des crimes et des délits ordinaires. Au-dessus d'elles s'élevaient les assises du comte palatin ou *placite du palais*, auxquelles ressortissaient les attentats contre la paix publique, l'autorité du prince, et les voies de fait contre ses commensaux ; elles se composaient de comtes, d'officiers de la maison royale, d'évêques, en nombre indéterminé. Les Mérovingiens y siégeaient en personne, comme les empereurs romains qui allaient au forum rendre des jugements, car les rois chevelus, *reges criniti*, mettaient leur ambition la plus haute à imiter les Césars. Ils faisaient revivre les formules de l'adulation impériale : *votre excellence, votre grandeur, votre majesté*, et Dagobert, pour rehausser son prestige, se disait issu de l'illustre race des Troyens.

A côté des quatre juridictions des dizainiers, des centeniers, des comtes et des placites du palais, où l'élément romain, imparfaitement fusionné avec l'élément barbare, avait produit une sorte de magistrature mixte qui rendait la justice à chacune des races juxtaposées sur le sol, suivant ses lois nationales, on trouvait encore la justice arbitrale des voisins, essentiellement conciliatrice, comme nos justices de paix, — la justice domestique, inhérente à la qualité de propriétaire foncier, et conformément aux traditions germaniques pures, la justice du champ de mars ou assemblées générales de la nation. Ces assemblées connaissaient des causes où étaient engagés de grands personnages, *majores, proceres, optimales* ; elles exerçaient collectivement le droit qui appartenait à tout homme libre de race franque d'admonester le prince, de le désavouer, de se placer dans la recommandation de tel autre chef qu'il lui plaisait de choisir, et c'est en tirant de ce droit ses dernières conséquences qu'elles déposaient les rois, les faisaient tondre, les reléguaient dans des monastères et prononçaient la peine de mort contre Brunehaut. Si barbares qu'ils fussent, quelques Mérovingiens, entre autres Clotaire Ier et Dagobert, essayèrent de faire pénétrer un peu d'ordre dans cette promiscuité juridique ; mais le chaos social était trop profond pour que rien de stable et de régulier en pût sortir. Les institutions venaient à peine de naître qu'elles se perdaient dans l'anarchie. Après la mort de Dagobert, l'aristocratie franque n'eut garde de fortifier l'autorité de juges qui pouvaient la rappeler au respect des lois. Les hommes libres, qui n'avaient aucun intérêt à se déranger pour des affaires qui ne les touchaient pas, ne se rendirent plus aux assises publiques, les comtes ne siégèrent que de loin en loin et seulement dans un but fiscal, pour tirer profit des amendes. Tout était à refaire lorsque Charlemagne monta sur le trône.

Ce grand homme ne cherche point à détruire l'ordre établi, mais à le perfectionner. Il laisse subsister les institutions mérovingiennes en leur donnant la même base, c'est-à-dire la loi salique amendée et augmentée de quelques articles, et il la complète par des lois nouvelles, les capitulaires, qui suppléent à ses nombreuses lacunes. L'organisation judiciaire y tient une grande place, et il est facile de reconstituer l'ensemble du programme. Le glorieux maître des Francs ne veut pas que les juges restent étrangers à la science du droit, comme sous les Mérovingiens. Il leur impose, pour la première fois, des conditions de capacité, et les prend de préférence parmi les élèves de l'école palatine. Des assesseurs, élus par les comtes et les hommes libres, et choisis parmi « les doux et les bons, » sont attachés à chaque tribunal et forment, au nombre de sept, sous le nom de *scabins*, une sorte de jury permanent qui veille à la stricte observation des lois. Les questions de compétence et de discipline sont réglées avec le même soin que le personnel. Ordre est donné aux centeniers, qui évoquaient les causes majeures, de s'en tenir à leurs anciennes attributions ; aux comtes, de siéger régulièrement au moins une fois tous les mois et d'avoir toujours sous la main, pendant les assises, un exemplaire des lois de chaque peuple de l'empire, afin que personne ne puisse les invoquer faussement et qu'eux-mêmes en rendant leurs arrêts ne se mettent pas en contradiction avec les textes. Les évêques sont chargés d'éclairer les juges sur leurs devoirs, de les admonester lorsqu'ils s'en écartent, et ceux-ci doivent leur obéir en tout ce qui concerne « la punition des méchants et la correction des mœurs. » Une surveillance active et continuelle soumet tous les officiers de judicature à l'action du pouvoir central. Les *missi dominici* remplissent auprès d'eux les fonctions d'inspecteurs généraux. Tous les ans ils font, dans quatre endroits différents, quatre tournées d'un mois chacune, et pendant leur séjour dans chaque localité ils convoquent les évêques et les personnages notables pour vérifier la conduite des juges, réviser leurs arrêts, remplacer ceux qui ont démérité et faire droit aux réclamations des justiciables. Au retour, ils rendent compte de leur mission à l'empereur, qui décrète les réformes jugées nécessaires.

Le placite du palais conserva sous les Carlovingiens les attributions dont il était investi sous la première race, mais lorsqu'il se trouvait embarrassé pour juger les contestations qui s'élevaient entre les dignitaires du clergé, les leudes et les juges royaux, l'empereur évoquait la cause ; il faisait comparaître les parties et rendait ses arrêts, dit Éginhard, en se chaussant, en s'habillant, et même pendant la nuit. Tout ce qu'il était possible de faire dans une société où se heurtaient tous les contrastes, où la force primait le droit, Charlemagne l'avait fait pour assurer aux populations de son vaste empire les avantages d'une bonne justice, comme on disait au moyen âge ; mais l'œuvre de ce grand homme, conception idéale d'un génie qui devançait la marche des siècles, ne devait pas lui survivre. Louis le Débonnaire et Charles le Chauve essayèrent encore de maintenir l'édifice qu'il avait élevé ; leurs efforts furent impuissants. La loi des partages, qui divisait le royaume à la mort de chaque roi en autant de lots territoriaux qu'il y avait d'enfants et les aliénations bénéficiaires, qui déjà sous les Mérovingiens avaient porté de si rudes atteintes à l'établissement monarchique, furent plus fatales encore à la seconde dynastie franque. Par suite de la transformation du bénéfice en fief héréditaire et de l'immunité, c'est-à-dire du droit qui, en affranchissant les églises, les monastères et les bénéficiers de la juridiction royale, leur conférait en même temps la haute juridiction dans leurs domaines, la justice se morcela comme le sol. Elle répondit, en se divisant, aux diverses classes de la société, au double caractère du pouvoir dont les rois étaient investis comme suzerains et comme souverains, et l'on eut de la sorte, sous les Capétiens : — la justice féodale de la noblesse terrienne et militaire ; — la justice féodale de l'église, qui était entrée par ses biens fonciers dans la seigneurie ; — la justice canonique de l'église, qui représentait son autorité spirituelle ; — la justice municipale ; — la justice féodale du roi, qui s'exerçait en raison de la suzeraineté, et la justice royale, qui s'exerçait en raison de la souveraineté. Toutes ces juridictions ont une magistrature qui leur est propre, et dès la fin du XIe siècle, la royauté, qui représente l'état, entreprend à leur égard le même travail unitaire et centralisateur que pour les finances, l'armée et la formation du royaume, travail immense qu'elle laissera inachevé et que la révolution seule pourra mener à bonne fin, en faisant disparaître la diversité des castes et en établissant l'unité administrative, impossible à réaliser, sans un remaniement radical et universel, dans un pays qui n'offrait qu'un assemblage confus de provinces séparées entre elles par leurs coutumes, leurs douanes intérieures, leurs privilèges, — de pays de droit écrit et de droit traditionnel ; de pays d'états et de pays d'élections, de villes de communes, de villes de loi, de bonnes villes, de villes seigneuriales, où la condition des personnes changeait suivant les lieux. Comment la magistrature de l'état est-elle sortie de cet enchevêtrement ?

II

A l'origine de la troisième race, la justice du souverain et celle du suzerain se confondent. Elle s'exerce par les plaids de la porte, la cour féodale, les officiers de la couronne et le parlement. Les plaids de la porte étaient tenus par trois juges pris parmi les membres de la haute noblesse ou les dignitaires du palais. Ils avaient lieu, comme leur nom l'indique, à l'entrée ou aux abords des demeures royales. Lorsqu'il se présentait des questions graves, on en référait au roi, « qui les vidait bonnement. » Saint Louis, pour abréger les procès, donnait personnellement audience aux plaideurs, au pied du célèbre chêne de Vincennes, ce qui n'était du reste qu'un usage renouvelé des deux dynasties franques ; tous ceux qui voulaient en appeler à son équité « venaient, dit Joinville, à lui parler, sans qu'un huissier ou autre leur donnât empêchement, et demandait hautement de sa bouche s'il y avait nul qui eût partie. » La cour féodale, composée des grands vassaux qui jugeaient les hommes de leur rang, *pares*, connaissait de toutes les causes que soulevait la mouvance des fiefs. Elle était investie d'une double juridiction, l'une arbitrale, à laquelle les intéressés recouraient volontairement, l'autre coactive, qui s'exerçait par évocation royale. Les officiers de la couronne avaient dans leur ressort les métiers de Paris, qui correspondaient aux charges qu'ils occupaient dans le personnel de la maison ou plutôt de la domesticité royale. Le parlement connaissait des causes où n'étaient point engagées des questions féodales, mais il pouvait juger, pour des délits de droit commun, les membres de la plus haute noblesse. Cette organisation était des plus confuses. La justice royale se trouvait entravée partout dans les provinces par l'église, la seigneurie et la commune ; elle n'y avait pas de représentants. Philippe-Auguste lui en donna en 1190, par la création des prévôts et des baillis.

Les prévôts étaient des juges inférieurs, qui cumulaient les fonctions administratives avec les fonctions judiciaires. Ils s'adjoignaient des assesseurs choisis parmi les hommes libres, comme les comtes sous la monarchie franque, car à travers toutes les transformations, on retrouve toujours, plus ou moins marquée, l'empreinte des institutions antérieures. Les baillis étaient des juges d'appel, qui surveillaient les prévôts et révisaient au besoin leurs sentences, dans des assises mensuelles ; ils ressortissaient eux-mêmes au parlement. L'existence de ces officiers avait pour les sujets l'avantage de les protéger contre l'arbitraire des seigneurs, et de leur offrir les garanties d'un double appel, pour les rois de faire pénétrer leur autorité dans les fiefs. L'institution se développa rapidement, parce qu'elle répondait à des besoins réels, et le nombre des prévôtés, qui n'était que de quarante-cinq en 1200, s'élevait en 1223 à soixante-treize.

Momentanément suspendu sous Louis VIII, dont le règne, dans sa courte durée, fut rempli tout entier par les guerres contre les Anglais et les comtes de Toulouse, le travail d'organisation fut repris par saint Louis. Ce prince, le seul de sa race qui ait subordonné les calculs de la politique aux inspirations de la conscience, modifia, dans l'intérêt des classes inférieures, le caractère jusqu'alors exclusivement féodal du parlement, composé tout entier de feudataires, c'est-à-dire de juges qui connaissaient, en dernier ressort, des sentences rendues par leurs propres officiers ; il leur adjoignit, comme représentants directs de la couronne, quelques-uns des hauts fonctionnaires de l'état, tels que le connétable et le chancelier, et des légistes qu'il nommait au choix. Ceux-ci, sous le nom de *conseillers rapporteurs*, furent chargés d'instruire et d'exposer les affaires ; ils formaient une section particulière : les grands feudataires et les hauts fonctionnaires en formaient une autre, et, sous le nom de *conseillers juges*, ils rendaient les arrêts. Ce système fut complété par la création de *commissaires enquêteurs*, qui rappelaient les *missi* de Charlemagne. Grâce à la nomination au choix, l'élément féodal se trouva balancé et contenu ; la magistrature de l'état s'ouvrit à la roture, qui jusqu'alors n'avait occupé de charges judiciaires que dans les communes ou les sièges subalternes des seigneuries, et le parlement put se recruter en partie parmi les hommes qui se recommandaient par leur savoir.

On a dit longtemps, et quelques livres contemporains le disent encore, qu'antérieurement au règne de Philippe le Bel le parlement était ambulatoire, qu'il suivait les rois dans leurs voyages, qu'il tenait ses assises tantôt dans une ville, tantôt dans une autre, et que Philippe l'a pour la première fois rendu sédentaire à Paris. C'est une erreur. Il l'était depuis longtemps déjà. Seulement il siégeait à des époques indéterminées, et, par suite du nombre toujours croissant des causes, la plus grande confusion régnait dans le service. Pour remédier à ces inconvénients, Philippe décida qu'il tiendrait chaque année deux sessions de deux mois chacune, l'une à Noël, l'autre à la Pentecôte, et il le divisa en chambre des enquêtes, chambre des requêtes et grand'chambre. Les enquêtes instruisaient les procès d'appel, les requêtes jugeaient en première instance, la grand'chambre jugeait en dernier ressort d'après l'instruction faite par les enquêtes ; elle connaissait aussi des affaires intéressant directement le roi, le domaine, l'université, etc. Cette organisation était très bonne, mais il y manquait un pouvoir actif et vigilant chargé de rechercher les délinquants et de les poursuivre en se portant partie civile pour la couronne ou la société. Le génie despotique de Philippe le Bel ne pouvait s'y tromper. Il voulut avoir des gens à lui, *les gens du roi*, et en 1312 il créa les avocats et les procureurs généraux. Il avait fallu près de trois siècles pour mettre quelque ordre à la confusion des pouvoirs judiciaires, et placer au-dessus des tribunaux ecclésiastiques, féodaux et municipaux, une magistrature qui centralisait par l'appel, dans un siège unique, toutes les causes du royaume. Cependant deux sessions de deux mois chacune dans le cours d'une année ne pouvaient suffire. L'ordonnance du 18 octobre 1358 décréta que le parlement siégerait toute l'année *sans discontinuation*. Mais, comme le royaume s'agrandissait toujours par des annexions nouvelles, les plaideurs ne pouvaient recourir à l'appel qu'au prix de déplacements et de frais considérables. Les rois, pour compléter leur œuvre, instituèrent des parlements provinciaux, soit en les créant d'office, soit en transformant les institutions qui existaient avant la réunion au domaine de la couronne, dans la Normandie sous le nom d'*échiquier*, dans la Bourgogne sous le nom de *grands jours*, et dans d'autres provinces sous divers autres noms ; cette œuvre nouvelle marcha si lentement que, sur les douze parlements qui existaient en dehors de Paris en 1789, on n'en comptait encore que cinq à la fin du XVIe siècle.

Suivant une opinion généralement accréditée, le parlement de Paris, à partir de Philippe le Bel, aurait été composé presque exclusivement de bourgeois, et les nobles en auraient même été systématiquement exclus à cause de leur ignorance ou des ombrages qu'ils inspiraient à la royauté. Cette opinion est contredite par les faits. La noblesse au moyen âge était plus instruite qu'on ne le suppose : dans le centre et dans le nord, elle s'occupait avec succès de l'étude du droit, et l'on comptait à la fin du XIVe siècle parmi les élèves de l'université d'Orléans les héritiers des plus grandes familles. Le mépris du savoir et des fonctions de judicature est venu plus tard avec la décadence politique. Dans les derniers siècles, les nobles ne siégeaient plus qu'à titre de pairs, parce qu'ils s'étaient éloignés d'eux-mêmes et n'avaient point voulu profiter des ordonnances qui enjoignaient aux membres du parlement de porter toujours au moins un noble sur la liste des trois candidats qu'ils présentaient à la nomination du roi, avant que les charges fussent rendues vénales, et même de les préférer à tous les autres. Pas plus que les nobles, les ecclésiastiques n'ont été l'objet d'une exclusion calculée. Si les évêques ont été éliminés par Philippe le Long en 1319, c'est uniquement que ce prince se faisait un cas de conscience « de eux empeschier au gouvernement de leurs esperitialitez. » Hors de là, ils ont toujours fourni au personnel des cours souveraines un nombreux contingent. En 1388, à Paris, sur trente conseillers, quinze étaient des ecclésiastiques, et la grand'chambre, la plus importante de toutes, en comptait encore au

XVIIIe siècle douze sur trente-cinq. Séculariser ou démocratiser le parlement d'une manière absolue, c'était lui enlever une partie de sa force vis-à-vis du clergé et de la noblesse ; les rois étaient trop habiles pour commettre cette faute, que leur prêtent des écrivains qui ne regardent le passé qu'à travers les perspectives de la révolution.

L'existence des parlements et des sièges inférieurs qui en ressortissaient aurait dû réaliser l'unité de juridiction et l'homogénéité de la magistrature. C'était là en effet l'objectif des rois, mais ils se trouvaient entraînés par la loi de, morcellement, qui s'imposait à toutes les institutions et produisait les *dissemblances* dont le contrôleur général de Calonne s'est plaint si vivement dans l'assemblée des notables de 1787. Au lieu de ramener la justice vers les mêmes centres, ils l'éparpillèrent en quelque sorte entre toutes les administrations ; chaque service public eut son tribunal particulier, chaque fonctionnaire fut doublé d'un magistrat. Les contraventions en matière d'impôts fonciers et personnels ressortissaient des élections ; en matière d'impôts indirects, boissons, denrées alimentaires, bestiaux, des aides ; en matière de gabelles, des greniers à sel. On avait pour la pêche et les délits forestiers les maîtrises des eaux et forêts ; pour la chasse, les capitaineries royales, les bailliages de la grande vénerie de France, la varenne des Tuileries ; pour les délits concernant la police des métaux précieux et les faux-monnayeurs, les cours des monnaies ; pour les douanes maritimes, les amirautés et les maîtres des ports ; pour les douanes frontières et intérieures, les traites foraines. Le même enchevêtrement se reproduisait dans les tribunaux ordinaires et les juridictions personnelles à certains officiers. Au civil ou au criminel, on comptait les bailliages, les sénéchaussées, les présidiaux, les lieutenants criminels, les lieutenants civils, la maréchaussée, le grand prévôt de France, etc. Les mêmes délits et les mêmes crimes étaient souvent attribués à trois ou quatre juridictions différentes et pouvaient appartenir en même temps aux tribunaux administratifs et aux tribunaux ordinaires. Ces divers tribunaux créés au jour le jour, suivant l'organisation des services publics, étaient inégalement répartis sur la surface du territoire ; les uns n'existaient qu'à Paris, les autres dans tout le royaume, ou seulement dans quelques provinces. Les questions de compétence soulevaient de continuels conflits. Les maîtrises des eaux et forêts disputaient les braconniers aux bailliages de la grande vénerie ; les lieutenants criminels disputaient les vagabonds à la maréchaussée. Les intendants pouvaient faire arrêter sans jugement et même condamner à mort les individus convaincus de séditions et d'attentats contre la sûreté générale, et les parlements les réclamaient parce qu'à leurs yeux la sédition était un *cas royal*. Ces querelles intestines éternisaient les procès. Les juges, avant de s'occuper des causes qu'ils avaient à vider, plaidaient entre eux devant le parlement ou le conseil du roi pour savoir à qui elles appartenaient. Les justices seigneuriales, ecclésiastiques et laïques, dont le nombre était effréné, c'est un mot souvent répété par les états-généraux, augmentaient encore le désordre, en évoquant une foule d'affaires que la magistrature royale regardait comme étant de son ressort. C'était un chaos inextricable que les rois, les ministres, les jurisconsultes s'efforçaient en vain de débrouiller. Au moment de la révolution, les choses, sous le rapport des compétences, de la multiplicité des sièges, des conflits de juridiction, étaient encore dans le même état qu'à la fin du XVIe siècle. Dans une seule petite ville, cent six personnes étaient occupées à rendre la justice, et cent neuf autres à faire exécuter leurs arrêts. Ce n'étaient cependant pas les lois et même les lois très sages qui manquaient, mais sous l'ancien régime elles semblaient n'avoir été faites, que pour rester lettre morte, et tandis que les rois travaillaient d'une main à perfectionner les institutions judiciaires, ils y introduisaient de l'autre des éléments qui ne faisaient que les corrompre.

III

En parcourant les recueils des anciennes ordonnances, on est frappé du grand nombre d'actes législatifs qui se rapportent à la magistrature, aux parlements et à toutes les autres juridictions. Il y a là comme une sorte de tradition idéale qui se perpétue à travers les âges, et qui paraît justifier ces paroles de l'un de nos vieux publicistes : « *Tous les princes de la chrétienté sont en leurs séels armez à cheval, l'espée au poing comme conquérans ; le nostre seul est assis en un trône fleurdelysé, en habit de roy justicier, ayant une robe longue, le sceptre de justice en une main, le royal de l'autre, voulant par là monstrer qu'ils estiment la justice et non les armes estre le lien du royaume.* »

Les principes tutélaires qui font aujourd'hui la dignité du magistrat sont affirmés dès l'origine même de la troisième race, comme ils l'avaient été déjà sous les dynasties franques. Philippe-Auguste, saint Louis, Philippe le Bel règlent dans les moindres détails les devoirs des baillis et des prévôts. Ils leur défendent d'employer de vils moyens pour obtenir leurs offices, d'exercer dans les lieux où ils sont nés, — sage précaution qu'il serait bon de faire revivre, — de recevoir des présents, autres que du vin et des vivres, d'en faire aux membres du conseil du roi, d'emprunter aux habitants de leur ressort, d'y acquérir des immeubles, et, comme ils savent qu'ils ont affaire à des hommes pour la plupart rudes et grossiers, ils veulent qu'à l'expiration de leurs charges ils restent quarante jours sur les lieux où ils ont instrumenté, et qu'ils constituent un procureur pour recevoir les plaintes qui pourraient être portées contre eux. Des mesures analogues sont prises par les Valois et les Bourbons. Les juges doivent faire un stage de quatre ans, en suivant assidûment les audiences, subir un examen de capacité et une information de bonnes vie et mœurs. Il leur est défendu de se livrer aux spéculations commerciales, de s'absenter de leur résidence, de se rendre adjudicataires des droits litigieux et des amendes, d'acquérir des immeubles vendus par autorité de justice. En un mot, tout était prévu pour réprimer la corruption sous quelque forme qu'elle se manifestât. Comment se fait-il donc que tant d'abus se soient glissés dans nos anciens tribunaux, et qu'à côté d'une foule d'hommes qui ont donné de si nobles exemples d'austérité et d'intégrité inviolables, il s'en est rencontré tant d'autres qui ont foulé aux pieds les devoirs de leur profession ? Ce fait s'explique avant tout par l'action dissolvante du régime auquel la magistrature était soumise pour tout ce qui touchait à ses intérêts matériels, aux nécessités de la vie, — par l'indigne exploitation fiscale dont elle était l'objet, — par le pouvoir absolu qui la tenait toujours sous la menace de l'arbitraire et lui enseignait le mépris des lois. Les âmes d'élite étaient seules capables de se défendre et de garder leur dignité.

Le mode de collation des offices a été l'une des principales causes du mal. Il a flotté, suivant le temps, entre la nomination directe par les rois, l'élection par les membres du même siège, les fermes et la vénalité. — La nomination directe et les fermes sont plus particulièrement appliquées dans le moyen âge ; l'élection De se produit que très exceptionnellement durant la même période ; la vénalité, c'est-à-dire la mise en vente des offices, d'après un prix fixé par le gouvernement, règne à peu près sans partage du XVIe siècle à la révolution. De ces quatre systèmes, ce sont ceux qui donnaient les pires résultats, c'est-à-dire les fermes et la vénalité, qui ont prévalu, ce qui a fait dire justement à

Montaigne : « Qu'est-il de plus farouche que de voir une nation où, par légitimes coutumes, la charge de juge se vend, et les jugements sont payés en deniers comptants ? »

Les prévôtés sont affermées à l'époque même de leur création, et dès le règne de saint Louis on reconnaît les graves conséquences de ce système. Les gens qui prenaient à forfait dans Paris l'exercice des droits judiciaires cherchaient avant tout à tirer des populations le plus d'argent possible ; ils multipliaient les frais, opéraient des saisies illégales, prononçaient des confiscations arbitraires pour en prendre leur part, forçaient le taux des amendes et vendaient l'impunité. Les crimes allaient toujours en augmentant ; la capitale se dépeuplait, car « les pauvres ne pouvaient, dit Joinville, avoir raison des riches hommes par les grands présents et dons qu'ils faisaient aux prévôts. » Pour arrêter l'émigration, saint Louis donna la prévôté en garde à Etienne Boileau, l'auteur du *Livre des métiers*, c'est-à-dire qu'il la mit en régie pour le compte de l'état ; la sécurité se rétablit tout aussitôt, et les maisons doublèrent de prix en quelques années.

L'expérience était concluante, elle ne fut pas décisive, Les prévôtés, après saint Louis, continuèrent d'être données en ferme; « des veneurs, des gens de guerre, des gens étrangers, inconnus, dissolus, affamés, » s'en rendirent adjudicataires, et, pour réaliser sur leurs avances de gros bénéfices, ils causaient aux justiciables « de grandes molestations. »

L'affermage des fonctions de judicature disparut dans les dernières années du XVe siècle, mais pour faire place à un nouvel abus, qui avait ses racines dans les usages de la féodalité. D'après les coutumes des fiefs, les fonctions publiques étaient regardées comme la propriété du seigneur ; nul ne pouvait les exercer qu'en vertu d'une inféodation. Les rois s'emparèrent de ce principe, en le fortifiant par la théorie monarchique qui faisait résider tous les droits dans leur personne, et, pour suppléer à l'insuffisance de leurs ressources budgétaires, ils firent des emplois publics une véritable marchandise, dont ils étaient toujours sûrs de trouver le placement, parce qu'ainsi que le disait le contrôleur général Desmarets, lorsque le roi créait une charge, Dieu créait un sot pour l'acheter. On trouve les premières traces de ce trafic sous Philippe le Long, qui autorisa dans quelques provinces les sergents des sénéchaussées et des bailliages à acheter leurs provisions. Il fut d'abord contenu dans d'étroites limites, mais les derniers Valois, « ces maîtres toujours pauvres de serviteurs gorgés d'or, » comme les appelle un ambassadeur vénitien, y trouvèrent un moyen commode de combler les vides de leur trésor, toujours obéré par la guerre et de folles prodigalités. La vente des offices judiciaires, financiers, industriels et autres fut, avec le changement de la valeur des espèces, le non-paiement des rentes de l'état, le trafic des privilèges et des lettres de noblesse, l'aliment du budget complémentaire des produits de l'impôt, qui figure dans les recettes sous le nom d'*affaires extraordinaires*.

Le système de la vénalité comprenait deux opérations distinctes : la vente car l'état, la rétrocession par les titulaires ou *résignation moyennant finances*. Lorsque l'état créait et vendait un nouvel office, il payait à l'acquéreur l'intérêt de la somme qu'il avait versée à un taux qu'il fixait lui-même, et cet intérêt s'ajoutait aux *gages* qui étaient très faibles et se percevaient sur les amendes, car le gouvernement, malgré la réclamation des états-généraux, ne fît jamais un traitement fixe aux parlementaires. Lorsque le premier acquéreur résignait sa charge, il transmettait à l'acheteur les droits, émoluments et privilèges qu'elle comportait. En cas de suppression, le prix d'achat était remboursé. Un pareil trafic mettait à la merci du premier venu l'honneur, la liberté, la vie des justiciables, « il ouvrait, comme l'a dit le chancelier de L'Hospital, le sanctuaire des lois à ceux qui se présentaient à sa porte avec une ceinture garnie d'or, et donnait aux ignorants et aux indignes ce qui ne devait appartenir qu'au mérite et à la vertu. » Il fallait, en effet, avoir une ceinture bien garnie, surtout quand on aspirait aux fonctions supérieures, car de toutes les marchandises elles étaient de beaucoup les plus chères. Dans les dernières années du XVIIe siècle, la charge d'avocat général à Paris était cotée 350,000 livres ; celle de lieutenant criminel dans la même ville,

400,000 livres ; celle de président à mortier 500,000.

A dater de Louis XII, le gouvernement, chaque fois qu'il fut à bout de ressources et de crédit, ce qui arrivait souvent, battit monnaie avec les offices de judicature. Ce genre de spéculation fut exploité en grand par François Ier, Henri II, Henri III, et prit sous Louis XIV un développement extraordinaire. Dans une période de huit années, de 1689 à 1697, le grand roi vendit dans les cours souveraines et les sièges inférieurs pour 23,029,355 livres d'offices, tous plus inutiles les uns que les autres ; sur cette somme, les référendaires au présidial du Puy figurent pour 1,676,166 livres ; les gardes-séels des sentences pour 3,166,666 livres ; les chevaliers d'honneur des présidiaux pour 542,297 livres. Le reste était à l'avenant. Après avoir créé de nouvelles charges dans les anciens tribunaux, on créait de nouveaux tribunaux, et souvent pour tirer, comme on disait au XVIe siècle, plusieurs moutures du même sac, on divisait le même office en plusieurs parts qui se négociaient en détail sous le nom d'*offices semestriels, bisannuels, triennaux* ou *quadriennaux*. Les conséquences funestes de cette exploitation n'échappaient pas au gouvernement, et il essaya plusieurs fois d'y mettre un terme. Louis XII, qui avait assisté comme prince du sang aux états de 1483, n'oublia pas leurs doléances. Lorsqu'il fût devenu roi, en 1498, il prohiba la vénalité, mais il y revint en 1508 pour suffire aux dépenses de la guerre d'Italie. François Ier, qui s'inquiétait peu de la dignité de la magistrature, ouvrit en 1522, sous le nom de *parties casuelles*, un bureau permanent de vente, et le trafic se continua sans interruption jusqu'à l'ouverture des états de 1560, qui protestèrent avec une grande énergie, ainsi que les premiers et les seconds états de Blois. Les ordonnances royales firent momentanément droit à leurs réclamations ; mais la même cause, c'est-à-dire le besoin d'argent, produisait toujours les mêmes effets, et il en fut de cette plaie comme de la plupart de celles qui saignaient aux flancs de la vieille monarchie, la révolution seule a pu la guérir.

En vendant la magistrature, le gouvernement apprit aux juges à vendre la justice ; les trois ordres demandèrent à diverses reprises, entre autres en 1614, qu'un traitement fixe leur fût assuré pour les désintéresser de toute idée de spéculation, et leur permettre de remplir leurs fonctions « commodément et avec honneur. » Ce vœu si légitime ne fut pas exaucé. Pour se dispenser de payer les juges ; ce qui eût été parfois fort difficile, les rois les firent payer par les justiciables, et, comme les intérêts des finances d'acquisition n'étaient pas suffisants à les faire vivre, ils leur abandonnèrent, sous le nom d'*épices*, une foule de profits tirés des procédures. L'origine des épices remonte à la première féodalité. Les évêques, les seigneurs, les hommes de fief, siégeaient alors gratuitement, parce qu'ils remplissaient un devoir inhérent à leur titre ou à la propriété foncière. Les parties qui gagnaient leur procès leur offraient, à titre gracieux, des dragées, des confitures et autres denrées. Lorsque les juges royaux furent établis, il leur fut défendu de recevoir aucun présent ; mais du moment où il n'affermait pas leurs fonctions, le gouvernement se trouvait fort embarrassé pour leur assurer des moyens d'existence. Après avoir interdit les épices, il les rendit obligatoires et convertit les présents en nature en une somme d'argent, qui fut portée en taxe à partir de 1402, et que les juges se partagèrent entre eux. A cette taxe vinrent s'ajouter les droits d'entrée et d'issue de cause, de défauts et de congés, de signature et de greffe, les assignations de deniers sur les pensions, les amendes et des parts plus ou moins fortes dans les confiscations. Les juges exploitèrent leurs charges comme un fonds de commerce, et l'un des membres de l'assemblée convoquée à Angers en 1560 pour l'élection des députés aux états-généraux pouvait dire avec raison : « Le ministère des juges n'est autre chose qu'une boutique où se détaillent par le menu les offices qu'ils ont achetés en gros. Le noble, l'homme d'église, le roturier, le pèlerin, l'orphelin, l'impotent, le mendiant, n'auront aucune sentence interlocutoire ou définitive qui ne soit prise et payée avant le prononcé. L'offensé, l'enfant du tué n'auront décret d'ajournement ou de prise de corps sans argent. L'accusé prisonnier ne sera interrogé par le juge, sinon qu'il avance son salaire. Vengeance du délit et du crime public ne sera faite et poursuivie sinon que les juges ne soient assurés être payés de leurs vacations sur les biens des accusateurs et des accusés… » Les épices et les taxes furent à diverses époques modérées et réglées ; mais le gouvernement laissait volontiers les juges violer les ordonnances pour n'avoir point à payer de traitement fixe, la question d'argent passant avant tout le reste. Par suite de ces exactions, les frais atteignaient un chiffre exorbitant ; au XVIe siècle, un procès pour un joug de bœufs, porté en appel devant le parlement de Bordeaux, coûta à chacune des deux parties 500 livres, et Chicaneau, dans la comédie de Racine, ne s'éloigne pas de la vérité en portant à 6,000 livres ce que pouvait coûter un procès pour deux bottes de foin. Du reste, la magistrature pouvait se croire autorisée à rançonner les parties, quand elle était elle-même indignement et périodiquement rançonnée par le pouvoir.

IV

Comme tous les autres titulaires d'offices, les magistrats n'avaient point seulement à solder le prix de leur charge, ils devaient encore acquitter quelques droits très onéreux, car sous l'ancien régime ce n'était point l'état qui payait la plupart de ses fonctionnaires, mais les fonctionnaires qui payaient l'état. Ces droits comprenaient le marc d'or, établi sous Louis XI, qui se percevait au moment de l'entrée en fonctions, — le sceau et l'enregistrement à la chambre des comptes, — la paulette annuelle, inventée sous Henri IV par le financier Paulet, qui assurait ou plutôt qui était censée assurer aux familles la transmission héréditaire des charges, et qui équivalait au soixantième du prix d'acquisition. — Après tant de sacrifices, les titulaires pouvaient croire que la propriété de leurs fonctions leur était définitivement acquise et qu'ils en jouiraient paisiblement ; mais il fallait toujours compter avec deux ennemis implacables : le fisc et le pouvoir absolu.

La vénalité n'était point encore définitivement établie que déjà la magistrature avait à subir les plus dures vexations. Au XVe siècle, les agents des finances refusaient de payer les gages des présidents et des conseillers du parlement de Paris. Ceux-ci envoyaient alors quelques-uns de leurs collègues ou de leurs sergents, des *mangeurs*, comme on disait, vivre à discrétion chez les trésoriers. Ils adressaient au roi d'humbles suppliques et lui représentaient leur extrême misère. Lorsque le roi refusait d'accueillir leurs réclamations, ils refusaient de siéger, et c'est en s'attribuant dès le moyen âge le droit de suspendre la justice pour leurs intérêts privés qu'ils se sont affermis peu à peu dans le grand rôle d'opposition politique qu'ils ont joué au déclin de la monarchie. Plus on avance vers les temps modernes, plus l'exploitation devient éhontée et spoliatrice, ce qui n'empêchait pas les bourgeois, enrichis par le travail et l'épargne, de se porter en foule vers les fonctions de judicature, car les rois, tout en les pressurant, les attiraient par des privilèges tellement nombreux qu'il était impossible de les compter, disent les auteurs de la grande *Encyclopédie*. Ils comblaient les présidents et les conseillers des parlements de flatteries et d'honneurs ; ils créaient pour eux une noblesse particulière, la noblesse de robe, transmissible d'abord au premier degré, et dans les derniers siècles à perpétuité, quand les titulaires mouraient après vingt ans d'exercice ; à Paris, ils leur donnaient la préséance sur les autres corps de l'état dans les cérémonies publiques et le droit d'entourer le cercueil royal pendant la solennité des funérailles. C'était le miel qui dorait la coupe d'absinthe. Pour garder une si brillante situation, les parlementaires n'hésitaient pas à puiser à pleines mains dans leur escarcelle. Le gouvernement connaissait leur faible, et au moindre embarras financier, il leur soutirait de fortes sommes. Son jeu était des plus simples et des plus immoraux. Sous prétexte que la justice était un attribut incommutable de la royauté et que celle-ci pouvait toujours, quand bon lui semblait, la ramener sous sa main et *l'incorporer au domaine*, on faisait payer aux titulaires la confirmation des charges qu'ils avaient déjà payées. On réduisait les gages du tiers ou de la moitié, ou bien on en suspendait le paiement pendant plusieurs mois pour forcer les intéressés à se racheter des réductions et des suspensions moyennant une taxe dite de *rétablissement.* Les épices, qui formaient le plus clair des profits, donnaient lieu aux mêmes manœuvres. Les taxations des tarifs variaient suivant les besoins du trésor. Les diminutions, les augmentations se succédaient à des intervalles plus ou moins éloignés, et l'effet en était d'autant plus désastreux que les traitants, que l'on trouvait partout lorsqu'il s'agissait de faire le mal, étaient chargés des opérations. Ils avançaient les fonds des taxes et procédaient aux recouvrements. Parmi les juges, les uns pouvaient payer, d'autres ne le pouvaient pas, Les traitants obtenaient alors un arrêt de solidarité contre tous les membres du même siège. « Ceux qui ont payé, dit un rapport présenté le 17 juin 1717 au conseil des finances, paient pour les insolvables, et, s'ils ne le peuvent, exécutions, ventes des meubles, garnisaires, retenues de gages. Les officiers des provinces sont réduits pendant plusieurs années à avoir pour tous meubles un lit sans rideaux, une marmite de fer et des cuillers de bois : de là le proverbe : Il est meublé selon l'ordonnance. » La paulette n'était elle-même qu'une garantie illusoire. Louis XIII, pour la confirmer, força les titulaires de verser au trésor le quart de la valeur vénale de leurs offices. Sous Louis XIV, ils en demandèrent l'abolition ; elle leur fut accordée moyennant le paiement d'une somme de 40 millions, et quelques années plus tard elle était rétablie dans des conditions plus onéreuses que par le passé.

Une ordonnance de Louis XI, datée du 21 octobre 1467, porte que les officiers de judicature ne pourront être privés de leurs charges que « pour forfaiture préalablement jugée et déclarée judiciairement, selon les termes de justice et par juges compétents. » C'était, en d'autres termes, proclamer l'inamovibilité ; mais Louis XI fut le premier à violer la loi qu'il avait faite, et cette loi sous l'ancienne monarchie ne fut jamais qu'une fiction, attendu que si le gouvernement ne destituait pas le juge, il pouvait toujours supprimer la charge, en la remboursant. Il était donné à la révolution de faire disparaître en un jour et d'un seul coup les abus contre lesquels la conscience publique protestait en vain depuis des siècles, de donner satisfaction aux vœux des anciens états-généraux et d'établir l'unité de juridiction sur les ruines de la féodalité ecclésiastique et laïque. Ce fut là un de ses grands bienfaits. Par la loi du 24 août 1790, l'assemblée nationale fit table rase des institutions judiciaires que lui avait léguées la monarchie. Elle supprima les épices et la vénalité, sans rembourser les titulaires des offices, parce qu'elle ne se croyait pas obligée d'indemniser ceux qui avaient participé aux abus, et comme le principe de la souveraineté s'était déplacé, elle transféra au peuple la nomination des magistrats en laissant au roi le droit d'investiture. Les juges de paix, création nouvelle qui rappelait la justice arbitrale des voisins de l'époque mérovingienne, furent élus pour deux ans, les juges des tribunaux civils et criminels pour cinq ans, ceux du tribunal de cassation pour quatre ans. Des conditions de capacité furent exigées des candidats, et, afin d'assurer aux justiciables toutes les garanties qu'ils étaient en droit de réclamer, l'assemblée institua le jury[2] pour les causes criminelles. La

---

[2]Voir Deuxième partie: *La Magistrature et le Jury en France.*

nouvelle organisation commençait à peine à fonctionner que déjà les inconvénients du système électif se faisaient sentir ! Les passions politiques, de jour en jour plus ardentes, dictaient seules les choix, sans tenir compte des aptitudes. Tout allait au hasard, lorsque la convention mit le comble au désordre ; elle commença par renouveler le personnel, et fit disparaître les conditions de capacité. Quelques-uns de ses membres en réclamèrent le maintien. — Le peuple, répondit Danton, ne veut pas de ses ennemis dans les emplois publics, laissez-le choisir ses amis. — Les juges furent remplacés par des *arbitres publics* élus tous les ans ; mais ces arbitres, étrangers la plupart à la science du droit, ne pouvaient suivre la marche méthodique d'une action ; pour simplifier leur besogne, on décida qu'il serait statué sur défenses verbales ou sur simple mémoire, en laissant toutefois aux parties la faculté de se faire représenter par des fondés de pouvoir, munis de certificats de civisme. Ce retour à la procédure directe, sans intermédiaires entre les plaideurs et des juges improvisés, donna lieu aux plus graves erreurs.

La convention ne prit aucune mesure pour améliorer le régime qu'elle avait décrété, et, violant elle-même le principe de l'élection par l'universalité des citoyens, elle institua, dans la nuit du 10 au 11 mars 1793, un *tribunal criminel extraordinaire* dont elle choisit les juges, les jurés et les accusateurs parmi ses membres, et qui devait poursuivre les contre-révolutionnaires et les conspirateurs réels ou supposés. Au moment de sa création, des commissaires, au nombre de six, furent chargés d'examiner les dossiers et de surveiller les procédures ; mais quand un pouvoir a mis le pied sur le terrain fatal de l'arbitraire, il ne s'arrête plus, parce que l'arbitraire n'a point de bornes. Les derniers semblants de garantie ne tardèrent point à disparaître. La loi du 26 juin 1793 ordonna aux juges d'opiner à haute voix et en public ; quatre mois plus tard, le tribunal criminel fit place au *tribunal révolutionnaire*, qui condamna sans appel et *sans preuves*. La convention, qui pourtant a fait de si grandes choses, ne voyait pas qu'en supprimant les formes, en foulant aux pieds toutes les garanties, elle ne faisait que rétablir sous un autre nom les commissaires investis de pleins pouvoirs, la grande prévôté de France, les *juges de tyrannie* de Richelieu, et tous les attentats extra-judiciaires de l'ancien régime que l'histoire a flétris avec une légitime indignation. Le directoire rétablit les formes protectrices de la procédure, il réduisit le nombre des tribunaux à un seul par département, et en revint à la loi du 24 août 1790, c'est-à-dire à l'élection tous les cinq ans. La même cause produisit encore les mêmes effets ; détermines le plus souvent par la politique seule, les choix s'égaraient sur des hommes incapables de remplir leur difficile mission, et si la vie et la liberté des citoyens n'étaient plus comme sous la terreur à la merci d'un odieux arbitraire, leurs intérêts civils se trouvaient sérieusement compromis. L'opinion publique, désabusée par l'expérience, appelait une réforme, lorsque la constitution de l'an VIII vint tout changer pour la quatrième fois depuis dix ans. Elle donna la nomination à vie des juges au pouvoir exécutif, qui choisit ses hommes sur une liste formée par la dixième partie du corps électoral. Mais, dans la pensée du législateur, la nomination à vie n'impliquait pas l'inamovibilité. Les instincts despotiques du premier consul ne pouvaient s'accorder avec l'indépendance absolue des magistrats ; le 12 octobre 1807 parut un décret qui leur imposait le surnumérariat de la servilité, et suivant lequel ils ne pouvaient être pourvus de provisions à vie qu'après cinq ans d'exercice, si « à l'expiration de ce délai sa majesté reconnaissait qu'ils méritaient d'être maintenus dans leur place. »

La restauration voulut se montrer en apparence plus libérale que la révolution et les pouvoirs qui en étaient issus. Elle inscrivit dans la charte le principe de l'inamovibilité, mais comme elle déclarait en même temps, dans le même pacte organique, que toute justice émane du roi, elle institua à côté des tribunaux ordinaires des cours prévôtales qui jugèrent sans appel et avec rétroactivité les faits qui pouvaient porter atteinte à la *sûreté publique*. Ces cours siégèrent de 1815 à 1817 et se déshonorèrent en se faisant les instruments aveugles des réactions et des vengeances politiques. Malgré la pression dont elle était l'objet, la magistrature de la restauration donna plus d'une preuve d'indépendance. Au pouvoir qui lui demandait des services, elle répondit par un mot resté célèbre : qu'elle ne rendait que des arrêts, et comme elle avait fini par devenir gênante, Louis XVIII, par ordonnance du 23 décembre 1823, institua à côté des juges inamovibles, sous le nom de *juges auditeurs*, une sorte de magistrature interlope que le gouvernement tenait à sa discrétion par l'espoir d'une investiture définitive. Ces auditeurs, d'après l'ordonnance royale, ne pouvaient siéger que dans les tribunaux composés de plus de trois membres, mais on en multiplia tellement le nombre que dans quelques villes, entre autres à Saint-Étienne, ils composaient seuls tout le personnel. La révolution de juillet les fit disparaître parce qu'elle n'y voyait qu'une contrefaçon de magistrats inutile et dangereuse.

Depuis 1830, malgré toutes les secousses politiques qui ont ébranlé le sol de la France, malgré toutes les révolutions qui ont fait passer le pouvoir aux mains les plus diverses, le principe de l'inamovibilité a toujours été respecté, et si l'expérience des siècles n'est pas un vain mot, il n'en est pas un seul auquel le sentiment des générations qui se sont succédé sur cette terre, les jurisconsultes et les penseurs les plus éminents, aient donné une adhésion plus unanime et plus formelle. Ce qu'il a fallu de temps, d'efforts, de luttes sans cesse renouvelées, pour le faire pénétrer dans nos lois, les pages qui précèdent le démontrent surabondamment. Chaque fois qu'une atteinte a été portée sous l'ancien régime à l'indépendance des juges par les subterfuges du fisc et du pouvoir absolu, la conscience publique s'est révoltée ; chaque fois que leur nomination, dans les temps modernes, a été livrée au hasard du système électif et du renouvellement périodique, la justice n'a été qu'un instrument aveugle, parce qu'elle n'était pas éclairée par cette grande science du droit qui ne peut être approfondie que par de fortes études et une longue pratique. Les magistrats, gardiens des lois, ne peuvent les appliquer et les faire respecter qu'à la condition d'être placés par ces lois elles-mêmes au-dessus des vicissitudes de la politique, de n'avoir rien à craindre du pouvoir, rien à attendre de la faveur populaire ; les partis, quel que soit leur drapeau, sont également exigeants, également exclusifs, et ai on voulait les en croire, au moindre arrêt qui n'est point conforme à leurs désirs, il faudrait révoquer les hommes qui l'ont rendu. Où arriverait-on avec un pareil système, surtout chez un peuple explosible comme le nôtre ? Les garanties qui couvrent le juge couvrent aussi les justiciables, et c'est pour avoir oublié cette belle maxime de Montesquieu : « La liberté n'est que la sécurité pour tous, » que nous avons tant de fois compromis la cause sacrée de la liberté par la violence et l'arbitraire.

Deuxième partie

De la Magistrature et du Jury en France[3]

Dans les contrées qui aspirent à des réformes libérales, l'attention se porte vivement du côté des institutions judiciaires. On n'en sera point surpris : c'est par la justice que doivent commencer les améliorations dans l'ordre politique et social, parce qu'elle est le premier et le plus puissant instrument de la liberté. Est-il besoin de le dire ? au seul aspect des tribunaux, on peut reconnaître les conditions morales d'un pays, la nature de son gouvernement et jusqu'à la mesure de son indépendance. Il ne serait pas sans intérêt de soumettre plus d'un état à cette épreuve, et peut-être l'occasion en viendra-t-elle plus loin ; mais la meilleure partie de nos observations sur ce grave sujet est réservée à la justice française, bien qu'elle n'ait manqué ni d'admirateurs ni de panégyristes : à la rentrée des tribunaux, on

[3] Par J. Le Berquier.

sait qu'elle reçoit un hommage périodique qui devient chaque année plus embarrassant et plus difficile. Certes nous sommes loin de blâmer cet antique usage et de vouloir affaiblir le prestige de la solennité destinée à le perpétuer. Seulement nous dirons que la justice a aussi une date dans nos institutions, et à notre sens il est nécessaire de s'y arrêter, car trop souvent on l'oublie : cette date, qu'on aime tant à rappeler dans le domaine purement politique, n'est point un mot, elle est tout un symbole, si l'on peut ainsi parler. Notre magistrature est avant tout la magistrature de 1789, celle qui a été faite pour les libertés publiques ; si par quelques glorieuses traditions elle se rattache au passé, sa constitution est moderne.

Essayons de l'étudier au milieu du mouvement de chaque jour, de constater l'influence qu'elle peut exercer sur les choses d'intérêt public et d'intérêt privé, et d'envisager aussi la situation nouvelle qui lui a été faite à l'endroit de la presse ; mais plus d'une difficulté nous arrêtera dès l'abord et demandera une solution. La justice en elle-même est-elle un véritable pouvoir dans l'état ?

Peut-elle prétendre à une complète indépendance pour accomplir une mission qui paraît, il est vrai, devoir tout dominer, gouvernants et gouvernés, hommes et choses ? Ou bien ne faut-il voir dans le magistrat que le délégué du pouvoir exécutif, dans l'inamovibilité qu'un bienfait du prince ? De son côté, le jury n'est-il dans nos lois qu'une juridiction exceptionnelle, qu'une imitation plus ou moins réussie de la constitution judiciaire d'un peuple voisin, en un mot qu'une plante exotique sur le sol du pays ? A son tour, le juré est-il bien le représentant de la société, où tout simplement, comme on l'a dit, une sorte de fonctionnaire ? Qu'on veuille bien ne pas s'y méprendre, ce ne sont point là de vaines théories d'école, des questions dénuées d'intérêt et de résultats pratiques. On reconnaîtra bientôt que là est en quelque sorte le pivot de notre organisation judiciaire. L'assemblée constituante avait senti combien il importait de mettre en évidence certains principes et de les dégager de l'ensemble de ses travaux ; ces phares éclatants placés par elle aux limites de l'ancienne société n'ont pas cessé de projeter leur lumière sur nos institutions malgré les intermittences d'obscurité qui ont eu lieu à certaines époques, sous divers règnes.

Plusieurs publications pourront nous offrir leur tribut dans cette étude. Les unes ont courageusement repris l'histoire de nos anciens tribunaux et fait renaître de ses cendres cette antique magistrature déjà si effacée des souvenirs ; c'est ainsi que M. de Bastard a retracé l'organisation des parlements et tiré de la poussière des greffes la judicature toulousaine, à laquelle se relie son nom par d'honorables souvenirs. D'autres écrivains ont entrepris de ranimer ces débats pleins de jeunesse et de feu qui retentirent à la tribune française, lorsque la monarchie constitutionnelle voulut reprendre l'œuvre interrompue de l'assemblée constituante, et donner enfin au pays, par une sage et libérale réglementation de la presse, les garanties qui lui avaient été promises dans l'action de la justice. La publication des œuvres politiques de Royer-Collard, due aux soins dévoués de M. de Barante, a fourni sur ces débats de précieux documents. Par là seront mis en présence et comme en parallèle l'ancienne organisation judiciaire et la nouvelle, ce que voulut détruire l'assemblée constituante, ce qu'elle entendait fonder. Plaçons-nous donc, s'il est possible, au point de vue de cette assemblée, afin de préciser ses conceptions et sa pensée. Nous verrons ensuite la part plus ou moins large qui a été faite à ces conceptions, à cette pensée, par les gouvernements qui se sont succédé depuis la révolution, ce qu'il en reste encore, et à quelles améliorations on propose de soumettre le régime de la magistrature en France.

I

C'est dans la justice, dans sa bonne organisation, que l'assemblée constituante crut devoir placer la garantie des deux grands bienfaits qui étaient réclamés par le pays, la liberté civile et la liberté politique. Elle la voulait humaine, éclairée, incorruptible. Pouvait-elle mieux faire que de s'inspirer des idées d'un magistrat devenu l'un des premiers publicistes de l'Europe, qui semblait avoir écrit l'arrêt de mort de l'ancienne société en indiquant simplement les conditions selon lesquelles devait se constituer un état pour être libre ? Elle ouvrit donc l'*Esprit des Lois* au chapitre de la justice, écrit en face des parlements, en face de la monarchie absolue, et y lut à peu près ceci : Il y a dans tout état trois pouvoirs distincts, le pouvoir législatif, le pouvoir judiciaire et le pouvoir exécutif. Chacun de ces pouvoirs a son autonomie, parce qu'il a sa raison d'être, et veut une indépendance absolue, sans quoi l'équilibre est rompu, et la liberté publique fatalement compromise. Il n'y a plus de liberté lorsque le pouvoir législatif est confondu avec le pouvoir judiciaire, car la vie et la liberté des citoyens sont remises à l'arbitraire du législateur ; il n'y a plus de liberté, lorsque le pouvoir qui fait les lois est chargé de l'exécution, parce qu'il peut appliquer tyranniquement les lois les plus tyranniques Il n'y a plus de liberté enfin, lorsque le pouvoir judiciaire est remis au pouvoir exécutif, parce que le juge peut facilement devenir un oppresseur. — Cette théorie des trois pouvoirs, Montesquieu s'était bien gardé, comme on pense, de l'opposer aux choses qu'il avait sous les yeux ; il la justifiait par des exemples saisissants tirés du gouvernement turc et des républiques italiennes, où le despotisme, sous deux formes différentes, avait tout confondu pour tout posséder ; mais ces exemples, il pouvait les prendre moins loin de lui. Chacun le sentit ; c'était bien ce qu'avait entendu l'écrivain. « Je voudrais chercher, disait-il, dans les gouvernements modérés que nous connaissons quelle est la distribution des trois pouvoirs, et calculer par là les degrés de liberté dont chacun d'eux peut jouir ; mais il ne faut pas toujours tellement épuiser un sujet qu'on ne laisse rien faire au lecteur. Il ne s'agit pas de faire lire, mais de faire penser. » Combien de gouvernements depuis cette époque sont venus donner raison à cette théorie ! Il y avait quarante ans qu'elle était propagée par les écrits du publiciste, lorsque l'assemblée constituante entreprit son œuvre : elle était si nette et si frappante, elle trouvait dans les faits une telle autorité que déjà elle avait la puissance d'une loi souveraine dans l'opinion publique, qui l'avait acceptée. Elle fut comme la première assise des travaux de l'assemblée, sans qu'il y eût pour ainsi dire de débat à ce sujet.

Comment devaient être réglés et répartis ces trois pouvoirs ? Sur cette question pratique, Montesquieu ne s'était point assez catégoriquement expliqué. Remontant à l'origine des pouvoirs, l'assemblée partit de cette idée, qu'ils n'avaient qu'une seule et même source, la nation, le pays, et en déduisit cette conséquence, qu'ils ne pouvaient être exercés qu'en vertu d'une délégation du pays lui-même : aux représentants serait délégué le pouvoir législatif, au chef de l'état le pouvoir exécutif. Quant au pouvoir judiciaire, l'assemblée pensa que le pays devait autant que possible le retenir, ou du moins ne s'en dessaisir que dans une certaine mesure et en formulant ses réserves. Le jury fut donc décrété au criminel, et par là le pays retint la connaissance des faits qui touchent de plus près à l'honneur, à la liberté, à la vie des citoyens. Fallait-il admettre la même règle en matière purement civile, c'est-à-dire dans l'examen des causes où se trouvent plutôt engagées dès questions de fortune et de propriété ?

L'assemblée se vit là en face d'une difficulté des plus sérieuses ; si l'ordre logique des idées la portait à réserver également au pays le jugement des affaires civiles, l'expérience des choses judiciaires lui faisait entrevoir des obstacles de plus d'un genre. Le jugement des causes civiles par le jury fut rejeté, et l'on convint de le *déléguer* à des juges. Toutefois l'assemblée ne perdait pas l'espoir de voir un jour le pays assez éclairé, assez fort de lui-même pour reprendre aux juges les fonctions qu'ils étaient chargés de remplir en son nom. « L'établissement général des jurés étendu au civil comme au criminel n'est pas pour nous d'une nécessité si impérieuse, d'une utilité tellement indispensable, qu'il faille en précipiter l'exécution ayant que les lois y soient appropriées, avant que l'opinion publique y soit mieux préparée, et que quelques expériences partielles des avantages de cette méthode aient disposé les esprits à désirer, qu'elle soit généralisée. » Était-ce là une illusion ? Cet espoir de l'assemblée constituante, exprimé par Thouret, se réalisera-t-il un jour ? Nous dirons bientôt comment doit être envisagée l'intervention du jury dans les affaires civiles. Pour le moment, il ne s'agit que de dégager avec clarté la pensée de cette assemblée, et par là de mettre un peu plus en relief qu'on ne l'a fait jusqu'à présent les bases de notre organisation judiciaire. Cette pensée s'accusa plus nettement encore à l'occasion de la nomination des juges qui devaient connaître des causes civiles. À qui revenait cette nomination ? N'était-ce pas au pouvoir exécutif ?

L'assemblée avait vu l'ancienne magistrature à l'œuvre : cette institution recelait un grand vice, la vénalité des charges ; mais elle offrait une bien précieuse garantie, l'indépendance du juge. Quoi qu'on dise, ce sera toujours à l'honneur des parlements qu'on retracera l'histoire de ses luttes avec la royauté. Même à la distance où nous sommes, peut-on songer sans admiration à l'imposant spectacle qui fut donné sous la monarchie absolue par la magistrature refusant d'inscrire un édit arbitraire ou injuste sur les livres de la justice ? Les parlements, a-t-on dit, n'avaient pas ce droit ; leur résistance cachait une véritable usurpation de pouvoirs. Cela est-il complètement exact ? La justice a toujours eu, elle aura toujours le droit de se refuser à l'application d'une mesure arbitraire, illégale, violente. Or enregistrer un édit arbitraire ou illégal, c'était l'admettre et prendre l'engagement d'en faire application dans les décisions de justice. Où donc la royauté elle-même prenait-elle le droit de blesser le droit ? Dans un abus, dans une confusion de pouvoirs qui heurtait l'ensemble des règles qui constituaient le droit public. Aujourd'hui les tribunaux refuseraient d'appliquer une ordonnance, un décret qui seraient contraires à la constitution, au droit naturel. Ils revendiqueraient leurs prérogatives, si le gouvernement essayait de leur dérober la connaissance des affaires qui sont de leur domaine. Pour n'être point alors déposés dans une constitution, les lois d'ordre public, les règles du droit naturel n'en existaient pas moins. Dans cette mesure, on peut donc répondre qu'en s'élevant contre les actes de despotisme, les parlements agissaient selon le droit de la justice. S'ils allèrent plus loin, s'ils se montrèrent tracassiers, hautains, passionnés, s'ils dépassèrent le but et empiétèrent sur le véritable domaine de l'état en l'absence de règles précises, d'une constitution, de lois organiques, somme toute, il ne faut pas se hâter de les condamner : ils avaient senti que le pouvoir absolu n'était pas sans bornes, que la justice, sous tous les régimes, avait aussi ses droits imprescriptibles, et ils eurent le, courage de les faire respecter.

L'assemblée constituante détruisit la toute-puissance de ces vaillantes compagnies, parce que, dans la nouvelle organisation, le pouvoir judiciaire ne devait entraver la marche d'aucun autre pouvoir, mais non sans rendre hommage à leur fermeté, à la guerre souvent héroïque qu'elles avaient livrée au despotisme. Elle les abattit d'un seul coup en supprimant la vénalité des charges. Cependant, dans ces charges et dans cette vénalité même, la magistrature avait trouvé l'indépendance. Où la puiserait-elle désormais ? L'assemblée comprit que la magistrature était perdue, si elle relevait d'une autorité qui pût la comprimer ou la séduire par des faveurs même indirectes. Or elle avait trouvé la source du pouvoir judiciaire non dans l'état, mais dans la nation : pourquoi la nation ne veillerait-elle pas au choix de la magistrature ? Avec le mandat populaire, quelle influence serait à craindre ? En principe, c'était donc aux électeurs de choisir les magistrats, leurs délégués. Les juges furent soumis à l'élection dans le ressort de chaque tribunal, et la durée de leurs fonctions fixée à six ans. Seul, le ministère public restait à la nomination du chef de l'état. Pourquoi cette différence, a-t-on objecté, dans le choix des magistrats ? Le ministère public et les juges n'appartenaient-ils pas au même ordre, à la même institution ? On n'a pas observé que, sous la constitution judiciaire de cette époque, le ministère public ou commissaire du roi, n'ayant ni le droit d'accusation ni le droit de poursuite, uniquement chargé de faire appliquer la loi, était un véritable « agent du pouvoir exécutif, » ainsi que le déclarait très nettement le décret du 16 août 1790, et qu'il était dès lors naturel de confier sa nomination à ce pouvoir, Auprès de chaque tribunal criminel, un accusateur public, nommé cette fois par les électeurs, était spécialement chargé des poursuites lorsque l'accusation avait été admise par les premiers jurés. On distinguait ainsi le droit d'accusation, qui était à Athènes et à Rome une action populaire, des actes du pouvoir exécutif, qui doivent se renfermer dans la sphère propre à l'exécution de la loi.

Depuis, ces deux fonctions ont été réunies, et le ministère public est à la nomination du gouvernement. Est-il devenu par-là un agent du pouvoir exécutif ? Pour résoudre la question, il sera toujours nécessaire de remonter à la double origine des fonctions du ministère public, et de distinguer celles qu'il exerce comme accusateur ou comme préposé à l'exécution des lois. Qu'importe si, magistrat amovible, il peut être brisé par le gouvernement dont il tient sa nomination ! Le mandat qu'il a reçu ne lui vient pas moins de deux sources différentes. Il est certain qu'il ne tient pas le droit d'accusation du gouvernement : comment celui-ci déléguerait-il un droit dont il ne jouit pas ? La cour de cassation a proclamé l'indépendance du ministère public dans cette partie de ses fonctions. On demandait quelle était la valeur des ordres donnés à un procureur-général par le ministre de la justice lui-même pour la poursuite d'un délit ou d'un crime. Ce ministre n'avait-il pas la suprême direction de toutes les actions publiques ? Non, répondit très bien la cour suprême ; l'action publique est attribuée par les lois aux cours d'appel et aux magistrats du parquet. « Et en confiant ainsi à des corps indépendants la surveillance de l'action publique, en les autorisant à la mettre en mouvement, ces lois ont créé en faveur de la liberté civile une des plus fortes garanties. » Ainsi parlait cette cour le 22 décembre 1827, après avoir entendu le rapport de M. Mangin et le réquisitoire de M. Laplagne-Barris, deux éminents juristes. Tout ce qu'on pourrait dire, c'est que dans la rigueur des choses la nomination du ministère public tel qu'il est aujourd'hui devrait émaner tout à la fois du pouvoir et de la société, dont il est le mandataire pour tout ce qui tient au droit populaire d'accusation ; mais, on va le voir, la société s'est dessaisie de son droit de nomination ou de désignation même à l'égard des juges.

Telle fut, d'après l'assemblée constituante, la base de la nouvelle organisation judiciaire. Pour elle, le pouvoir judiciaire était comme une espèce de souveraineté dans l'état ; issu des droits naturels du pays, ayant son origine dans la constitution municipale et primitive des peuples, il ne relevait que de la nation elle-même, et devait agir avec une plénitude d'action indépendante de toute autre autorité. C'était la théorie de Montesquieu mise en pratique, mais fortifiée par la puissante attache que donnaient au pouvoir judiciaire l'investiture et le mandat populaires. L'assemblée n'avait pas trouvé de meilleur moyen d'assurer en même temps l'indépendance des magistrats et la liberté des citoyens. Depuis cette époque, le mécanisme de l'organisation judiciaire a changé plus d'une fois ; mais la conception de l'assemblée est restée au fond des choses, parce que, disait très bien Thouret, « si la forme des instruments par lesquels le pouvoir judiciaire peut être exercé est variable jusqu'à un certain point, les principes qui fixent sa nature, pour le rendre propre aux fins qu'il doit remplir dans l'organisation sociale, sont éternels et immuables. » Qu'est-ce donc qui a varié dans l'organisation judiciaire de 1789 ? qu'est-ce qui était transitoire ? qu'est-ce qui était immuable et a dû survivre sous les divers régimes ?

Ce qui est éternel et doit durer dans l'organisation judiciaire d'un pays, c'est ce qui est destiné à assurer l'indépendance du juge, sans laquelle il n'existe aucune garantie pour la liberté de tous. La désignation des juges par les électeurs offrait des inconvénients que l'expérience fit ressortir ; en l'an VIII, elle fut confiée au pouvoir exécutif : le juge cessa d'être attaché à. telle ou telle circonscription électorale, et put exercer partout ses fonctions. Le droit d'accusation fut confié au ministère public, qui se trouva investi de fonctions de deux sortes, les unes propres au pouvoir exécutif, les autres au pouvoir judiciaire. Toutefois qu'on ne s'y trompe pas : en dépit des constitutions et des régimes politiques, le pouvoir judiciaire est resté ce qu'il était, ce qu'il doit être, indépendant ; le pays s'est dessaisi de la nomination des juges, mais le pouvoir judiciaire n'a point été pour cela confondu avec le pouvoir exécutif, car le pouvoir exécutif n'a point le droit de juger. La séparation des deux pouvoirs est énergiquement accusée dans le droit de grâce, qui permet au souverain de remettre la peine, c'est-à-dire de ne pas la faire exécuter, mais non d'effacer la condamnation, œuvre de la justice, et qui doit rester intacte ; elle n'apparaît pas avec moins d'évidence dans le fait étrange, mais nécessaire, qui se produit lors de la nomination du juge, lequel, aussitôt institué, est légalement placé dans un état d'indépendance absolue vis-à-vis du gouvernement dont il reçoit sa nomination. Dès que le gouvernement a usé de son droit en désignant le juge, il a épuisé la mission qu'il avait reçue du pays ; il reste sans prise sur le magistrat qu'il a créé, et celui-ci peut à l'instant même juger sa conduite et ses actes : un rempart s'est élevé entre eux, l'inamovibilité. Qu'est-ce donc que l'inamovibilité, et quelle en est la source ?

On a vainement essayé de la chercher dans l'ancienne société, où elle existait cependant, mais dans des conditions bien différentes de celles où nous la voyons aujourd'hui. Dans une discussion restée célèbre, Chateaubriand la rattachait à une triple origine. « L'inamovibilité de la justice, disait-il, qui a donné à notre magistrature tant de grandeur, tire parmi nous son origine de trois principes sacrés et inamovibles : la royauté, la propriété, la religion. » Or, prenant en cela l'effet pour la cause, l'abus et l'usurpation pour une règle, il n'arrivait en définitive à démontrer qu'une seule chose avec l'histoire : c'est que la royauté, la féodalité et le clergé avaient successivement fait tourner le principe de l'inamovibilité à leur profit. Au temps de leur domination, la justice était restée celle du bon plaisir parce que le pouvoir exécutif et le pouvoir judiciaire étaient confondus dans leurs mains. L'inamovibilité du juge ne résida véritablement que dans la propriété des charges de judicature ; on était juge comme on est propriétaire. L'état vendit d'abord la fonction, puis l'hérédité de la charge, le vendeur garantissait l'acheteur contre l'expropriation : voilà tout simplement ce que fut l'inamovibilité de l'ancienne magistrature. Celle de nos juges n'est point attachée à la propriété ; elle procède d'un tout autre principe : elle est dans le pacte social Où elle se trouve stipulée, car elle figure dans toutes nos constitutions, elle est, disons-nous, une véritable réserve du pays, qui, en élisant les magistrats, leur *déléguait* le pouvoir de juger, et qui, en remettant ce choix au pouvoir exécutif, a voulu indiquer au juge que son indépendance lui venait encore de la société, dans laquelle réside le droit souverain de justice, et non du chef de l'état, auquel n'a été *délégué* que le choix des juges. Telle est aujourd'hui l'inamovibilité. Dans la discussion dont il fut l'objet devant les chambres en 1815, ce principe fut admirablement compris par Royer-Collard. À vrai dire, Chateaubriand avait parlé au nom de l'idée ancienne ; Royer-Collard parla au nom de l'idée moderne. « Lorsque le pouvoir, disait-il, chargé d'instituer le juge *au nom de la société*, appelle un citoyen à cette éminente fonction, il lui dit : « Organe de la loi, soyez impassible comme elle. Toutes les passions frémiront autour de vous ; qu'elles ne troublent jamais votre âme. Si mes propres erreurs, si les influences qui m'assiègent, et dont il m'est si malaisé de me garantir entièrement, m'arrachent des commandements injustes, désobéissez à ces commandements, résistez à mes séductions, résistez à mes menaces. Quand vous monterez au tribunal, qu'au fond de votre cœur il ne reste ni crainte ni espérance ; soyez impassible comme la loi. » Le citoyen répond : « Je ne suis qu'un homme, et ce que vous me demandez est au-dessus de l'humanité. Vous êtes trop fort, et je suis trop faible ; je succomberai dans cette lutte inégale. Vous méconnaîtrez les motifs de la résistance que vous me prescrivez aujourd'hui, et vous la punirez. Je ne puis m'élever au-dessus de moi-même, si vous ne me protégez à la fois et contre moi et contre vous. Secourez donc ma faiblesse, affranchissez-moi de la crainte et de l'espérance ; promettez-moi que je ne descendrai point du tribunal, à moins que je ne sois convaincu d'avoir trahi les devoirs que vous m'imposez. » Le pouvoir hésite ; éclairé enfin par l'expérience sur ses véritables intérêts, subjugué par la force toujours croissante des choses, il dit au juge : « Vous serez inamovible. » — Le dernier trait allait trop loin peut-être ; était-il en effet dans la pensée de Royer-Collard que l'inamovibilité fût conférée par le pouvoir au juge ? Nullement, et bientôt il s'expliqua de manière à ne laisser aucun doute. « Tels sont, messieurs, l'origine et les motifs, l'histoire et la théorie du principe de l'inamovibilité, principe absolu, qu'on ne modifie point sans le détruire, et qui périt tout entier dans la moindre restriction ; principe qui consacre la charte bien plus que la charte ne le consacre, parce qu'il est antérieur et supérieur à toutes les formes et à toutes les règles de gouvernement, qu'il surpasse en importance ; principe auquel tend toute société qui ne l'a pas encore obtenu, et qu'aucune société ne perd après l'avoir possédé, si elle n'est déjà tombée dans l'esclavage. » Et ce langage, Royer-Collard le tenait au corps législatif en présence de la charte de 1814, qui faisait « émaner toute justice du roi ; » il n'était pas pour cela moins sincèrement dévoué à la monarchie constitutionnelle, comme on l'a pu voir ici même dans une récente étude.

Lors donc que la royauté maintint l'inamovibilité, elle respecta un droit souverain, essentiel, retenu par le pays : on peut lui en savoir gré ; mais c'est aller trop loin que de la remercier, comme le fait M. de Bastard, de sa « munificence. » Nous insistons, parce qu'il nous semble que ces idées fondamentales sans lesquelles il est impossible de bien comprendre notre organisation judiciaire n'ont point assez pénétré dans les esprits. La séparation nécessaire du pouvoir judiciaire et du pouvoir exécutif n'a pas été assez hautement proclamée par les écrivains et les publicistes, et le principe moderne de l'inamovibilité, obscurci par d'anciens préjugés ou par les lieux-communs des harangues officielles, est resté pour un grand nombre dans une sorte de mysticisme nébuleux d'où il est presque téméraire de le tirer pour le mettre au grand jour. Et disons-le, c'est pourtant à cette force invincible du principe d'inamovibilité que la magistrature doit sa popularité en France.

Malgré les ambages des formules, malgré l'espèce de mystère qui entoure une investiture dans laquelle le mandat n'est point formellement remis en son nom, le pays, guidé par cet instinct qui sait, pénétrer tant d'obscurités, sent qu'un lien secret existe entre lui et la magistrature, et que sous la robe du juge il y a toujours un juré. Le souvenir de la justice primitive ou municipale est impérissable dans les masses comme son origine, et quand la charte, la constitution ou la loi dispose, la tradition est là qui accomplit aussi son œuvre et perpétue de génération en génération le sentiment du droit qui ne doit point périr, et dont l'inamovibilité moderne est comme le drapeau. Sur ce point, l'opinion publique a été plus forte que les doctrines, empruntées sans discernement à la féodalité, qui ont fait dépendre la justice du pouvoir exécutif, car elle a toujours distingué le magistrat de l'agent du pouvoir. Tous les deux sont cependant nommés par le chef de l'état ; mais quel abîme les sépare ! Le magistrat ne tient aucune mission du chef de l'état, qui n'a point le droit de juger : dès lors point d'ordres à donner, point d'ordres à recevoir. Au contraire, l'agent du pouvoir exécutif tient du chef de l'état et sa nomination et son mandat : pour lui, l'obéissance est un devoir ; pour le magistrat, elle serait un crime.

Voilà le sentiment qui a pénétré jusqu'au fond de la société, et qui vaut mieux pour le véritable prestige de la justice que de vaines évocations d'un passé où le chef de l'état ne rendait d'ailleurs de sentences que dans des causes de peu de valeur, et beaucoup plutôt comme arbitre que comme souverain, c'est-à-dire avec l'agrément des plaideurs eux-mêmes : souvenirs pleins de charmes de la paternelle autorité de nos rois, dans lesquels peuvent se complaire des cœurs honnêtes, mais où, il faut bien le dire, la vérité et la froide raison seraient plus embarrassées de trouver leur compte. D'ailleurs la justice ne saurait avoir deux sources ; entre le magistrat, qui juge certaines causes, et le jury ou le pays, qui en juge d'autres, on devine qu'il ne peut y avoir qu'une origine commune. C'est ce qui ressortira de l'examen plus approfondi de l'œuvre de l'assemblée constituante et surtout de l'institution du jury, qui n'est point, comme on l'a souvent pensé, une juridiction exceptionnelle, et à laquelle nous devons réserver ici une place toute particulière.

II

Si la justice civile était lente, coûteuse et beaucoup trop formaliste avant 1789, elle offrait du moins des garanties ; la justice criminelle n'en présentait aucune : elle était froide et cruelle envers les accusés ; l'instruction était secrète, la défense nulle. Une chose frappa l'assemblée constituante, comme elle avait frappé les publicistes : c'est l'espèce d'endurcissement auquel peut arriver par l'habitude de juger au criminel l'homme le plus instruit, le plus honnête et le plus capable ; c'est la singulière tendance qui le porte à présumer le crime et à ne plus voir dans les accusés que des coupables. Un lieutenant-criminel, d'ailleurs excellent homme, voulant prouver combien sa carrière avait été utilement remplie, se plaisait à rappeler le nombre de malfaiteurs qu'il avait fait pendre ; mais, invité à dire combien d'innocents il avait acquittés pendant son long exercice, il répondit naïvement qu'il n'en avait point tenu note. Tel était l'ancien juge au criminel. Veut-on savoir comment il arrivait à cette insensibilité ? Qu'on réfléchisse aux moyens d'information du temps. La procédure exigeait qu'on demandât non à des tiers, à des témoins la preuve du crime, mais à l'accusé lui-même, et pour, obtenir son aveu on avait imaginé des instruments variés, les brodequins, l'estrapade, les poucettes, l'eau, le feu. On le tourmentait, on le brisait avant le jugement : c'était la question préparatoire ; on le disloquait avant le supplice, s'il n'avait pas avoué le crime : c'était la question préalable, espèce de châtiment anticipé et non le moins cruel. Or tout cela s'accomplissait sous les yeux et sur les ordres d'un magistrat. Par cette familiarité avec les cruautés de la torture, des hommes respectables contractaient une sorte de pétrification morale dans les choses criminelles. On peut voir dans l'ouvrage de M, de Bastard tout le mal que recelait ici la permanence de la fonction. À l'aspect de ces ateliers de chirurgie où se faisait l'instruction, le cœur de l'honorable magistrat qui a vécu à côté de l'humaine institution du jury se serre de douleur ; celui de l'ancien juge restait impassible selon le vœu de la procédure qu'il lui était prescrit d'observer. Pourquoi des sentiments si divers chez le magistrat d'autrefois et celui de nos jours ? Les mœurs seraient-elles changées ? Les mœurs du dernier siècle n'avaient rien de cruel, ce semble. Les magistrats appartenaient à d'opulentes familles, et leur éducation valait peut être la nôtre ; presque tous étaient des gens du monde accomplis. L'assemblée constituante en avait dans son sein et les connaissait à merveille ; elle comprit que les hommes ne sont pas durs et insensibles par nature, mais qu'ils deviennent ce que les fait la fonction. Elle partit de là et enleva pour toujours, il faut l'espérer, la connaissance des crimes à la magistrature permanente pour la remettre au jury. À ceux qui semblaient préférer aux lumières naturelles du juré les connaissances supérieures du juge, Thouret se chargea d'expliquer comment il se fait qu'une longue pratique, si essentielle dans le jugement des contentions civiles, détruit au criminel les qualités morales qu'exige la mission du juge, comment l'habitude de juger en cette matière conduit peu à peu à l'insensibilité.

Il y eut donc un jury d'accusation, car le droit naturel d'accusation ne parut pas devoir être délégué à des magistrats, et un jury de jugement, comme en Angleterre. L'assemblée croyait-elle emprunter cette institution au peuple qui en faisait alors une si remarquable application ? Nullement ; elle était convaincue que le jury avait été primitivement dans nos mœurs ; elle pensait même que cette forme de jugement avait été transportée par nous en Angleterre, que nous l'avions perdue ensuite, comme nous perdons souvent les meilleures choses, par une certaine mobilité d'esprit, tandis que le peuple anglais s'y était attaché, comme il s'attache à ses institutions. La vérité est que le jury n'est d'aucune contrée ; il est de tous les pays où la liberté peut s'établir dans ses formes naturelles, qui sont les meilleures. Le jury était à Athènes et à Rome, il était chez les Germains et les Francs, il fonctionnait avant la féodalité ; le leude armé était assisté dans ses bois de juges qu'on appelait *ragimburgii* ou hommes libres ; ils devaient être au nombre de sept : *congreget secum septem ragimburgios*, dit la loi salique. Ces jurés étaient choisis par le peuple, *populi consensu.* On les élevait parfois au nombre de douze, comme de nos jours, et ils étaient pris parmi les notables, *boni homines*. En pleine féodalité, M. de Bastard nous montre le jury sous différentes formes en usage dans le ressort de l'ancienne sénéchaussée de Toulouse. Ce premier fait constaté, qu'importent les transformations par lesquelles passera désormais ce droit primitif et naturel sous la féodalité dominante, sous la monarchie absolue ? Qu'importe par quel tribunal, royal ou féodal, seront jugées les causes civiles et criminelles ? La justice encore une fois ne peut avoir deux origines : elle émane dans toutes ses parties du droit municipal des peuples réunis, ou bien elle appartient pour le tout à une autorité supérieure indépendante, spéciale, placée au-dessus des peuples. La tradition sémitique ou musulmane a placé la justice dans la religion, mais la tradition historique la place dans la société. Entre ces deux systèmes, qui n'admettent pas de transaction, le choix de l'assemblée constituante fut bientôt fait ; elle tint pour les droits imprescriptibles de la société et en fit la base de la nouvelle organisation judiciaire. Sa conception se traduit par un fait saillant dans nos codes. Un principe domine toutes les juridictions, c'est qu'aucune n'est dépositaire d'une autorité unique et souveraine ; au-dessus des premiers juges, dans toutes les sphères, est le contrôle ou droit d'appel. Seul, le jury prononce en dernier ressort, et son verdict est suprême. Est-ce là une dérogation à la règle commune ? Non, l'exception est du côté des tribunaux. C'est que le jury, quand il prononce, agit dans la plénitude de ses pouvoirs ; il exerce le droit souverain et direct de la société, au-dessus duquel aucun autre droit n'existe. « Des jurés, disait Duport à ce sujet, ne sont pas, à proprement parler, un pouvoir constitué ; ils sont le peuple lui-même, au-delà duquel il n'existe aucune puissance. On ne peut donc pas appeler du jugement des jurés. »

Nous ne saurions suivre pas à pas l'institution du jury sous les divers gouvernements sans sortir du cadre de cette étude, bien que cela ne dût point être sans profit. Ne voulant nous arrêter qu'aux grandes lignes, nous nous bornerons à enregistrer ici quelques pages de l'histoire de sa fortune et de ses revers. Le jury sorti des mains de l'assemblée constituante fonctionna selon la grande pensée d'humanité qui l'avait fait admettre, et releva bientôt la justice criminelle du discrédit où elle était tombée avant la révolution. Il arriva un moment toutefois où son action devint insuffisante, mais en présence de quels faits ? Vers la fin du directoire, des bandes de pillards avaient infesté certaines contrées ; c'étaient des voleurs de grands chemins, des chauffeurs appartenant à des troupes licenciées ou à l'écume des révolutions qu'on venait de traverser. Partout ils avaient répandu l'épouvante, et l'imagination terrifiée des populations leur attribuait une redoutable puissance. À ce grand mal il fallait un remède prompt, énergique : il fut créé des *tribunaux spéciaux*, espèces de cours prévôtales composées pour moitié de militaires, et en peu de temps toutes ces bandes furent dissipées, anéanties. C'était la défense de la société par les armes de la guerre et non par celles de la justice régulière. Il y avait longtemps que le pays était tranquillisé lorsque le code d'instruction criminelle fut discuté au conseil d'état. Le jury déplaisait à Napoléon ; il fut attaqué : on ne manqua pas de lui opposer les tribunaux spéciaux auxquels on avait dû recourir, et qui étaient assez du goût du chef de l'état. Ceci donna lieu à Napoléon de faire connaître ses vues en matière criminelle. « Aujourd'hui, dit-il, tout homme à qui sa fortune permet de payer un avocat, et qui a des jurés pour arbitres de son sort, est presque certain d'être absous. Tout système qui pose en principe que *l'évidence seule* doit déterminer les jugements criminels est pure idéologie ; dans ces matières, on ne peut ordinairement se décider que d'après des *probabilités*. L'accusé aura toute la garantie qu'on peut raisonnablement désirer, si l'on donne aux juges l'influence nécessaire pour sauver l'innocent contre la fausse décision du jury. » En conséquence Napoléon concluait qu'il ne fallait pas d'avocats devant le jury. Il ne les menaçait pas encore de leur couper la langue, s'ils parlaient mal de son gouvernement. Tout au plus, selon Regnaud de Saint-Jean-d'Angély, pourrait-on en tolérer, « s'il plaisait au président du tribunal d'admettre cette exception. » C'était revenir à la cruelle ordonnance de 1670, qui bannissait la défense en matière criminelle. Qu'étaient devenues en si peu de temps les généreuses et humaines idées de 1789 sur la justice répressive ? Une énergique protestation de M. Bérenger, appuyée par les éminents juristes qui prenaient part à la discussion, fit évanouir cette singulière et peu libérale tentative. Quant à l'institution du jury, combattue par Portalis et Siméon, vivement défendue par Treilhard et Berlier, après avoir été restreinte au jury de jugement, elle fut conservée, mais en subissant de graves atteintes. Ainsi il fut permis à la cour de statuer à la place du jury, lorsque celui-ci ne se prononcerait qu'à la majorité simple de 7 voix contre 5. Cette disposition désarmait le jury, confondait deux juridictions distinctes, et, chose étrange, il était admis que la minorité de la cour réunie à la majorité simple des jurés suffisait pour entraîner la condamnation de l'accusé, c'est-à-dire que 9 voix contre 8 donnaient lieu à une condamnation que 7 voix contre 5 n'avaient pu déterminer. « Un article, dit plus tard à ce sujet Royer-Collard, qui, de peur de condamner à la majorité simple des jurés, condamne à la minorité des juges, offre le triste spectacle de la loi en démence ; par respect, il faut détourner les yeux. » L'article 351, qui portait cette atteinte à l'institution du jury, adouci en 1821, fut définitivement abrogé après 1830. D'un autre côté, c'est au gouvernement seul qu'avait été attribuée la confection de la liste des jurés. Aux administrateurs de département, élus par les citoyens, et auxquels était confié ce travail, avaient été substitués les préfets. Les attributions de ces administrateurs furent habilement conservées aux nouveaux fonctionnaires, qui dressèrent eux-mêmes la liste des jurés « sous leur responsabilité, » et comme ils étaient inscrits en même temps au nombre des officiers de police judiciaire, le code d'instruction criminelle offrit cette particularité qu'un même agent de l'autorité pût constater le crime, interroger l'accusé, le livrer aux tribunaux et lui choisir des juges. Encore fallut-il que ces juges fissent leur devoir comme le voulait le gouvernement. En 1813, sur la déclaration du jury, les nommés Werbrouck, Lacoste, Biard et Petit, administrateurs de l'octroi d'Anvers, avaient été acquittés de l'accusation portée contre eux. Un sénatus-consulte annula la décision et renvoya ces hommes, absous par la loi et par le pays, devant une cour impériale, qui dut les juger sans le concours des jurés. C'était ici le pouvoir exécutif qui désarmait la justice, et foulait aux pieds l'institution du jury après avoir obtenu de la faiblesse du sénat un de ces actes qui déshonorent un règne, et plaçait l'empire, on l'a dit avant nous, sur la même ligne que la convention. Sur cette pente, le pouvoir absolu ne devait plus s'arrêter : le 1er mai 1813, par un simple décret, Napoléon établissait la peine de mort pour la capitulation des commandants militaires. Le décret conférait à des commissions extraordinaires non-seulement le droit de prononcer cette peine, mais d'appliquer arbitrairement celle qui leur conviendrait, « alors même qu'il s'agirait de faits non prévus par la loi pénale. » Le sénat conservateur, sous les yeux duquel s'accomplissait cette violation des lois du pays, garda le silence ; mais lorsqu'en 1847 un conseil de guerre d'Oran fit application du décret de 1813, la cour suprême, sur un vigoureux réquisitoire de M. Dupin, n'hésita pas à déclarer que ce décret était inconstitutionnel, et cassa la décision du conseil de guerre.

Dès que le pays fut revenu à lui-même, il se demanda s'il convenait d'abandonner aux préfets les listes du jury. Le débat sur ce point a pris, selon les temps, un caractère plus ou moins vif, plus ou moins passionné ; mais il témoigne de la persistance avec laquelle le pays défend ou revendique toujours ce qu'il croit être dans ses droits. Que serait l'institution populaire du jury, si elle ne reflétait plus la société qu'elle représente dans l'œuvre de la justice et si elle était détournée de sa source naturelle ? Les prétentions du pays à surveiller la composition des listes et les tendances avouées ou non du pouvoir à se passer de lui ont été et seront toujours les deux forces opposées dans le débat. À une époque où les questions de presse étaient portées devant le jury, ce débat offrait un intérêt capital pour les libertés publiques. Le gouvernement de la restauration restreignit l'omnipotence des préfets en les obligeant à désigner au moins le quart des jurés portés sur la liste générale, qui ne pouvait comprendre moins de huit cents noms, et en plaçant sous la surveillance des citoyens les inscriptions sur les listes. Il retira au président des assises le droit qu'il tenait depuis 1808 de former lui-même la liste de jugement, et voulut que cette liste sortît d'un tirage au sort opéré par les soins du premier président de chaque cour sur la liste transmise par le préfet. Après la révolution de 1848, la liste des jurés était d'abord préparée par les maires de chaque commune et arrêtée au chef-lieu de canton par une commission composée du juge de paix et de délégués des conseils municipaux. Cette commission était présidée par le membre du conseil-général représentant le canton. Des modifications ont été bientôt apportées à l'institution du jury et à la confection des listes. En 1852, des décrets rendus pendant la suspension des grands corps de l'état ont déféré aux tribunaux correctionnels la connaissance de tous les délits et de toutes les contraventions en matière de presse. En 1853, une loi a supprimé dans la composition du jury la liste électorale qui lui avait servi de base sous les précédents gouvernements.

L'extension donnée à cette liste par le suffrage universel motiva cette mesure. Les jurés sont aujourd'hui choisis parmi les citoyens âgés de trente ans qui jouissent de leurs droits civils et politiques.

La loi nouvelle a fait disparaître des commissions chargées de préparer les listes l'élément représentatif qu'elles contenaient. Les listes sont dressées pour chaque canton par les maires et le juge de paix, pour chaque arrondissement par les juges de paix de la circonscription et le sous-préfet, et elles sont définitivement arrêtées pour chaque département par le préfet. M. le ministre d'état expliquait qu'il avait paru nécessaire d'effacer de cette liste la couleur politique qu'elle avait toujours eue, et de faire de cette espèce de magistrature une *fonction*. Le mot ne heurte-t-il pas les idées en cette matière ? N'est-ce qu'une mauvaise locution ? Pourquoi l'avoir introduite dans la loi ? Mais, en supprimant la liste électorale et en laissant la composition de la liste du jury a des commissions qui ne relèvent en rien des électeurs, le législateur n'a peut-être pas remarqué qu'il ramenait les choses au point où elles étaient en 1808. Nous ne voulons pas dire que les agens ou fonctionnaires désignés par la loi feront nécessairement de mauvais choix ; nous disons seulement qu'ils feront seuls les listes, et qu'en principe, loin d'être un fonctionnaire relevant du pouvoir exécutif, le juré est le délégué du pays ou plutôt le pays lui-même. C'est pour cela qu'un droit de surveillance était réservé aux citoyens sur la composition des listes, et qu'ils étaient admis à réclamer des inscriptions ou des radiations devant certains tribunaux. Le corps législatif avait demandé que la commission cantonale fût au moins présidée par un conseiller-général et que des conseillers-généraux fussent également adjoints à la commission d'arrondissement. Le juré est choisi et en quelque sorte délégué par le pouvoir exécutif, d'après la loi nouvelle. Si c'est là ce qu'a voulu dire M. le ministre d'état, l'expression dont il s'est servi ne manque pas d'une certaine justesse ; mais, nous le répétons, elle peut choquer les idées de ceux qui s'attachent encore aux principes de 1789, et pensent qu'ils avaient assez de valeur pour qu'on leur fît place dans la loi, tout en tenant compte des difficultés incontestables qu'un nouveau mode d'élection venait de susciter. Sous ce rapport, il est regrettable que l'amendement du corps législatif, tout modeste qu'il fût, n'ait point été accueilli, car, selon le président Henrion de Pansey, « là seulement est le véritable jury où la volonté de l'homme a le moins d'influence possible sur la liste des jurés. »

Ce n'est pas sans orgueil cependant que nous pouvons jeter les regards autour de nous et les arrêter sur certaines contrées. Il s'en faut en effet que l'humaine institution du jury se soit partout acclimatée. Comment n'a-t-elle pas plus de racines en Espagne, où il semble qu'elle soit réclamée comme un complément nécessaire d'institutions libérales ! A-t-on redouté pour les jurés la terreur que paraissent inspirer encore dans certaines contrées ces bandes armées ayant tant de points de ressemblance avec celles qui ont désolé notre pays au commencement de ce siècle ? Nous ne saurions le dire. Toujours est-il que le code pénal espagnol a réduit toutes les actions coupables à deux classes, les délits et les fautes, et en a confié le jugement aux tribunaux ordinaires. Au premier degré de l'échelle est le tribunal de l'alcade ou tribunal municipal, au second degré le tribunal de première instance, correspondant à notre tribunal correctionnel, mais composé d'un seul magistrat, bien qu'il ait à juger les délits et les crimes. *La audiencia territoriale* forme la cour d'appel. Devant l'alcade, pas d'instruction, pas de plaidoiries ; au tribunal de première instance et à l'audience d'appel, tout se fait par écrit. Le débat oral n'est admis à la cour que lorsqu'il y a réclamation contre la procédure. Un tribunal de justice suprême connaît spécialement des crimes et des délits commis par les magistrats, les archevêques et les évêques. À l'inverse de ce qui existe aujourd'hui en France, le jury n'est admis en Espagne qu'en matière de presse. Faut-il envier cette juridiction dans l'état où elle est en ce moment ? Institué pour la première fois en 1820, le jury a subi depuis cette époque bien des transformations. Composé d'abord de jurés d'accusation et de jurés de jugement, puis seulement de jurés de cette seconde espèce, il était primitivement assis sur d'assez larges bases. La liste des jurés était dressée au chef-lieu de chaque province par l'*Ayuntamiento* ou conseil municipal, et les fonctionnaires en étaient rigoureusement exclus. Tous les citoyens avaient le droit de réclamer contre la formation de la liste devant la députation provinciale. Une loi du 2 avril 1852 a restreint la compétence du jury, le nombre des jurés, et prescrit le huis clos pour toutes les affaires ; le compte-rendu des débats ne peut être publié sans l'autorisation formelle du gouvernement. L'Espagne n'a donc plus que. l'ombre du jury ; autant vaudrait le tribunal de première instance avec son unique juge, car le magistrat qui préside le jury dispose d'un pouvoir à peu près arbitraire, contre lequel l'opinion publique se trouve désarmée par le silence qui se fait autour de chaque affaire, étouffée avec la liberté de la presse dans un débat sans garantie et sans dignité.

En Allemagne, si tous les états n'ont pas conquis l'institution du jury, il en reste peu (la Saxe est du nombre) qui l'attendent encore ; mais là cette institution semble gênée dans ses allures par le droit pénal, emprunté aux législations du Nord. Le grand mouvement réformiste qui se poursuit dans les états germaniques, sous l'inspiration de jurisconsultes et de légistes distingués, aura bientôt concilié le droit pénal avec l'institution du jury, qu'un procès récent fait à une noble femme victime des calomnies de la domesticité nous a permis de voir fonctionner en Prusse, dans le grand-duché de Bade. La Russie ne connaît point encore cette institution, qui est enfin promise à l'Autriche. Il est temps de laisser aux peuples barbares l'indigne procédure qui met le bâton au nombre des moyens d'information dans ce dernier pays. Un accusé refuse-t-il de répondre, le bâton (art. 363 du code autrichien). Est-il soupçonné de feindre la folie, le bâton (art. 364). Répond-il insolemment, le bâton (art. 365). N'oubliez pas qu'ici l'œuvre de la justice est secrète ; les tribunaux sont fermés au public, et partout les magistrats s'offrent au peuple sous l'aspect d'agents subalternes du pouvoir exécutif.

Est-ce là néanmoins le plus infime degré de l'échelle ? Non. Sans parler de la Russie et de son régime pénal, il faut descendre encore quand on aborde les vastes régions qui composent à elles seules la moitié du monde connu, et où règne, hélas ! le droit musulman. Là, tous les pouvoirs sont confondus ; la justice civile est généralement exercée en premier ressort par les kadis, en appel par les muphtis, auprès desquels se trouve le corps des ulémas, ou jurisconsultes jouant parfois vis-à-vis du souverain le rôle de nos anciens parlements envers la royauté. Il n'existe aucune règle de procédure ; les parties se donnent rendez-vous devant le juge, qui trouve un moyen fort simple de les faire venir à l'audience par l'application de diverses peines, au nombre desquelles une des plus légères est la bastonnade. C'est le juge qui pourvoit lui-même à l'exécution du jugement. Les kadis et les muphtis sont nommés par le souverain, qui, comme dépositaire du Coran et successeur de Mahomet, réunit les pouvoirs religieux, politiques et judiciaires. Dans les tribus qui n'ont pas de kadis, la justice est rendue par les cheikhs, ou chefs de tribus indépendantes, lesquels sont soumis à l'élection. Le pouvoir n'intervient guère dans les affaires civiles, mais il se fait de la justice répressive un épouvantable instrument de despotisme. Devant le juge criminel, il n'existe ni instruction, ni défense, ni publicité. La vie, l'honneur, la propriété du peuple, tout appartient au souverain, qui en dispose à sa fantaisie ; sous sa main, sous celle de ses agents les plus subalternes est un code qui offre le choix de dix-huit peines des plus variées et des plus cruelles, depuis le pal et la lapidation jusqu'au *changhal*, ce hideux supplice des crochets dont l'énergique peinture de Decamps n'a pu donner qu'une imparfaite idée.

Les pays les plus fortunés sont incontestablement la Belgique, où nous retrouvons l'image du jury français dans ses meilleurs jours, et l'Angleterre. La justice anglaise repose sur la plus large base, le jury au civil et au criminel. Mérite-t-elle tout le bien ou tout le mal qu'on en a dit ? Quelle est son organisation, quelles sont les attributions dès quatre grandes cours qui siègent à Westminster ? La cour des plaids communs était, dit-on, originairement chargée du jugement des affaires civiles concernant les particuliers. La cour de l'Échiquier, avec le traditionnel tapis à carreaux qui lui a donné son nom, espèce de cour des comptes, était destinée à régler les finances de la couronne et à faire rentrer les revenus du trésor public. La cour du banc de la reine, où siégeait autrefois le souverain (*bancum regis*), connaissait de tous les crimes et délits, et exerçait son contrôle sur les magistrats, sur les cours inférieures du royaume. Les membres des trois cours réunies formaient et forment encore la chambre de l'Échiquier, à laquelle sont portées en premier appel les décisions de chacune de ces cours ou les affaires d'une importance exceptionnelle. Enfin une quatrième cour, celle de la chancellerie, ayant à sa tête le chancelier, chef de la justice d'Angleterre et garde du sceau royal, était consultée sur les questions relatives à l'exécution des jugemens des autres cours et à la légalité des actes du pouvoir exécutif. Elle était également constituée en cour d'équité destinée à tempérer la rigueur du formalisme imposé par les lois en justice. Telle était, à peu de chose près, la constitution originaire des grandes cours ; mais ces différentes juridictions ont fini par empiéter l'une sur l'autre, et aujourd'hui le jurisconsulte anglais aurait beaucoup de peine à reconnaître leur compétence respective. À cet égard, il manque à ce pays des lois organiques, un code ; mais l'esprit anglais n'est point le nôtre : ce que nous demandons incessamment à la loi, là on le demande à la tradition, aux usages. Les grandes cours sont elles-mêmes les dépositaires de ces traditions, de ces usages, et les gardiennes jalouses de l'observation des règles séculaires qui gouvernent l'état. Au-dessus d'elles existe seulement la chambre des lords, sénat omnipotent qui exerce un droit suprême d'appel ou de révision non-seulement dans les causes soumises aux grandes cours d'Angleterre, mais encore dans celles qui ont été jugées par les cours d'Ecosse et d'Irlande.

Ce qui simplifie toutefois l'organisation de ces tribunaux, c'est qu'aucun d'eux, la *cour d'équité* exceptée, ne peut trancher les questions de fait ni au civil ni au criminel sans le concours du jury. En matière civile, les grandes cours sont compétentes pour les causes dont l'intérêt excède 1,250 francs, en matière criminelle pour toutes les affaires qui sont du ressort des assises. Les affaires d'une moindre importance, au civil et au criminel, sont portées devant les juges de paix du comté, jugeant tantôt seuls, tantôt au nombre de quinze ou vingt, avec ou sans l'assistance des jurés, selon les cas. Mais à quels signes reconnaître la compétence particulière de chacune des grandes Cours ? C'est là que surgiraient d'inextricables difficultés, si par un accord tacite on n'était convenu de considérer toutes les cours comme des fractions ou démembrements d'une même cour primitive, et ayant par conséquent un égal pouvoir pour juger, selon une procédure uniforme, toutes les causes qui sont portées devant elles. Leur compétence embrasse toutes les parties de l'Angleterre, divisée en six circuits, moins toutefois le comté de Lancastre, qui a conservé sa juridiction spéciale. Il existe également à Londres une cour centrale criminelle qui a reçu une organisation particulière, à raison du nombre de méfaits qui sont à réprimer dans le comté de Middlesex, dont l'immense cité fait partie. La rigueur des statuts exigerait que les jurés fussent appelés à Westminster pour y remplir leur mission ; mais la règle a dû fléchir devant la nécessité, et voici le moyen qu'on a imaginé pour conserver à la loi son imperturbable autorité sans cependant en observer les termes. Lorsque la distribution des affaires d'une session a été faite, la grande cour appelée à juger rend un arrêt par lequel sont en réalité convoqués à Westminster les jurés du comté d'où vient l'affaire ; par un autre arrêt, elle fixe le jour où s'ouvriront devant elle les débats, si auparavant, *nisi prius* (c'est la formule sacramentelle), l'un des grands-juges ne s'est pas présenté dans le comté pour y tenir les assises. Or ce grand-juge a toujours soin d'arriver avant le jour fixé, de telle sorte qu'en définitive les affaires sont jugées dans chaque comté sous la présidence des membres des grandes cours, délégués à peu près comme nos présidents d'assises dans le ressort de chaque cour d'appel. La juridiction des grandes cours qui siègent à Londres est ainsi maintenue en principe, et les affaires se jugent sur les lieux mêmes sans déplacement pour les parties et les jurés.

Le jugement du pays par le pays n'est point une fiction en Angleterre, et les jurés, quoiqu'ils aient à justifier de certaines conditions de fortune, sont bien les citoyens appelés à juger par le vœu de la population ; la liste en est formée avec un scrupule extrême. Ce sont d'abord des constables (*churchwardens*) qui la dressent dans chaque paroisse ; elle est affichée pendant vingt-quatre jours, et tous les citoyens ont le droit d'en demander la rectification. Les réclamations sont portées devant le juge de paix du comté et jugées dans une session spéciale où les constables sont appelés à rendre compte de leurs opérations. Lorsque toutes les observations ont été entendues, les listes sont arrêtées et remises pour chaque comté au shérif, et forment dans ses mains le livre des jurés (*jurors book*). Le shérif, qui a plusieurs des attributions de nos préfets, est nommé par la couronne ; mais ses fonctions sont essentiellement gratuites et ne peuvent durer plus d'une année : c'est à lui que le grand-juge, à son arrivée dans le comté, demande des jurés. Il en est dressé, selon les affaires, une liste de quarante-huit à soixante-douze sur le *jurors book*. Cette liste est présentée à l'accusé, qui peut la rejeter partiellement et même en entier, lorsqu'il y a lieu d'en suspecter la composition. Les douze jurés qui doivent connaître de l'affaire ne sont tirés au sort qu'après que le droit de récusation le plus large a été ainsi exercé par l'accusé. Tel est le petit jury ou jury de jugement ; il n'entre en fonction que lorsque le grand jury ou jury d'accusation, composé de vingt-trois membres pris parmi les principaux propriétaires du comté et les membres de la commission de paix, a statué après avoir entendu les plaignants et les témoins. Si l'accusation est admise, aussitôt le jury de jugement est saisi de la connaissance du fait, de telle sorte que la mise en accusation et le jugement se suivent. Le jury de jugement ne se décide pas précisément comme en France d'après sa conscience et son intime conviction ; il est tenu de se conformer aux règles traditionnelles qui sont indiquées comme étant pelles de l'évidence (*rules of evidence*), et que rappelle au besoin le président des assises. Le jury ne peut rendre son verdict qu'à l'unanimité, et lorsqu'il entre dans la chambre des délibérations, le greffier fait prêter serment à un officier de la cour de le garder sans feu, sans lumière, sans manger ni boire, jusqu'à ce qu'il ait prononcé. Fort heureusement cette vieille coutume n'est pas observée dans toute sa rigueur, et les jurés peuvent prendre quelque nourriture. Il s'était présenté des cas où des jurés, placés entre leur conscience et la faim, avaient poussé l'épreuve jusqu'aux douleurs de l'inanition, jusqu'à l'épuisement. Deux fois par an, les douze grands-juges désignés par la couronne parcourent toute l'Angleterre et vont tenir les assises dans chaque comté, où ils sont reçus avec solennité par le shérif et les plus notables habitants, au son des cloches et des fanfares ; ils voyagent deux par deux et sont chargés, l'un des affaires civiles, l'autre des affairés criminelles.

Le mécanisme de cette organisation judiciaire est donc assez simple, et il semble que l'Angleterre ait résolu un bien grave problème, puisqu'elle a ainsi la justice et pas de tribunaux. Tout s'y accomplit de la façon la plus expéditive ; les grandes cours ne siègent pas d'une manière permanente à Westminster ; elles ont quatre sessions qui ne les occupent que du 2 au 25 novembre, du 11 au 31 janvier, du 15 avril au 8 mai, du 22 mai au 12 juin. En somme, la justice anglaise se résume dans le jury, et toute son organisation n'a eu qu'un but, la séparation du pouvoir judiciaire et du pouvoir exécutif, l'indépendance absolue du juge. Cette indépendance, elle l'a incontestablement trouvée dans le jury. L'a-t-elle rencontrée dans les magistrats ? Les membres des grandes cours sont nommés sans doute par la couronne ; mais un traitement considérable leur est assuré, qui les place au-dessus de toute influence. Cela ne suffisait pas. Entre eux pouvait encore exister une certaine compétition pour les grandes charges et les présidences, que la couronne eût fait espérer peut-être aux magistrats les plus flexibles. Par un sentiment d'admirable loyauté, elle s'est imposé pour règle de conférer ces dignités à des hommes éminents choisis en dehors des grandes cours, dans le barreau ou dans les chambres, et par là elle a banni de l'esprit du juge l'anxieuse pensée de l'avancement. Après avoir tant fait pour l'indépendance de la justice, l'Angleterre serait bien malheureuse, si elle avait eu des magistrats faibles ou prévaricateurs. Il n'en est rien : la magistrature anglaise est austère et pure ; une même auréole de considération l'environne avec le jury, un même prestige s'attache à sa mission et l'a placée si haut dans l'opinion publique qu'aucun soupçon n'est encore parvenu à l'atteindre.

L'organisation judiciaire en France repose sur une autre combinaison, elle a d'autres éléments ; les juges sont sédentaires, l'œuvre de la justice permanente. Répond-elle moins pour cela aux besoins du pays ? C'est ce qu'il convient maintenant de rechercher.

III

Voulant donner une idée nette et saisissante de son système de gouvernement, Sieyès le présentait sous la forme d'une pyramide ayant sa ; large base dans les assemblées primaires, et arrivant par degrés à un seul fonctionnaire qui en occupait la pointe. C'est cette image renversée qu'il conviendrait d'appliquer à l'organisation de nos tribunaux, commençant par le juge de paix et se terminant par les imposantes chambres des cours d'appel et par le jury. Les causes civiles sont dévolues à la magistrature ; 2,936 tribunaux de paix connaissent en général sans appel jusqu'à la valeur de 100 francs ; 370 tribunaux d'arrondissement jusqu'à la valeur de 1,500 fr. en matière personnelle et mobilière, et de 60 francs de revenu en matière immobilière ; 28 cours jugent en appel les causes d'un intérêt supérieur. Les causes criminelles sont également divisées entre trois juridictions ; les contraventions sont jugées par les tribunaux de police municipale, tenus par les juges de paix ou les maires ; les délits par les tribunaux correctionnels, et les crimes par les cours d'assises, au nombre de 90. Au sommet de la hiérarchie judiciaire est placée la cour de cassation, cour essentiellement régulatrice, étrangère aux appréciations de fait, et uniquement destinée à maintenir l'uniformité dans l'interprétation des lois devant les tribunaux civils et criminels du pays. Une haute cour de justice a été instituée pour juger les crimes d'état. Il n'est point ici question des tribunaux de commerce et des conseils de prud'hommes, qui constituent des juridictions spéciales, ni des conseils de guerre et des tribunaux administratifs, qui ne rentrent pas dans le cadre de l'ordre judiciaire en France.

Telle qu'elle est et malgré les révolutions politiques qui se sont accomplies depuis un demi-siècle, cette organisation judiciaire a conservé la forte empreinte de son origine, car dans Ses parties essentielles elle est l'œuvre de l'assemblée constituante. Si les magistrats sont aujourd'hui à la nomination du pouvoir exécutif, si l'appel a été porté à des tribunaux d'un degré supérieur, l'œuvre de l'assemblée nous apparaît toujours dans les justices de paix, dans le jury, dans les tribunaux d'arrondissement, dans le droit d'appel, plus haut même, dans la cour de cassation. Par cela seul que cette organisation a survécu à tant de régimes, elle a prouvé qu'elle avait de solides racines dans le pays, et aussi combien était puissante la conception du législateur de 1789. On l'a vu, le jury n'est appelé aujourd'hui à connaître que des crimes. L'assemblée constituante rejeta à peu près à l'unanimité l'idée de remettre le jugement des causes civiles au jury, comme en Angleterre. Elle vit là de graves inconvénients, tels que des déplacements forcés et fréquents pour une grande partie de la population, le défaut de lumières suffisantes dans la majorité des citoyens pour discerner toutes les nuances du fait dans les transactions et les rapports si variés de la vie civile. Elle fut d'ailleurs frappée de ce que la permanence du juge en cette matière n'offrait aucun danger pour la liberté des citoyens, et était au contraire une des conditions les plus indispensables de la parfaite connaissance des affaires. Or ces vues de l'assemblée n'ont point été démenties par l'expérience. Nous avons dans nos magistrats non-seulement de bons jurisconsultes, mais des hommes tellement familiarisés avec l'étude des transactions qu'ils en saisissent les variétés infinies avec une grande précision et une admirable sûreté de coup d'œil. Nos recueils de jurisprudence sont un monument que ne possède aucun peuple. Des esprits superficiels peuvent être choqués des diversités que présentent les décisions de justice et de la multitude d'espèces qu'un même ordre apparent d'opérations ou d'affaires peut faire naître. Cette impression n'est point celle des hommes qui observent mieux les choses, et savent les formes multiples que prend une convention, les fausses couleurs dont la fraude sait trop fréquemment la couvrir pour échapper à la loi, et combien la volonté, la véritable pensée des contractants est souvent loin de ce qui a été dit ou écrit. Comment arriver à ce discernement parfait des transactions, à cette application nuancée des textes qui conviennent à l'acte, au fait litigieux, si ce n'est par une longue étude et la pratique suivie des affaires ?

Sur ce point, il est permis de douter que le jury anglais soit le dispensateur d'une bonne justice ; la séparation du fait et du droit n'est point ici une sauvegarde suffisante, et ne saurait mettre obstacle aux nombreuses erreurs qui peuvent à chaque instant se commettre. Un orateur pensait autrement à l'assemblée constituante, et, pour démontrer de quelle manière le jugement séparé des questions de fait par le jury et des questions de droit par les magistrats simplifiait les choses, il prenait cet exemple : « Quelle est la nature de la vente ? Voilà ce qui appartient à la loi et aux juges. —

N'avez-vous pas vendu ? Cette question appartient aux jurés. » Il ne s'apercevait pas que la distinction était bien plus propre à frapper un jurisconsulte qu'un homme du monde, et que fort souvent le point de droit ne peut matériellement se séparer du point de fait. Qu'arrive-t-il donc devant le jury anglais ? C'est que parfois la question posée ne répond pas exactement au point véritable du litige, c'est que les causes se trouvent enserrées dans une formule qui devient invariable dès qu'elle est admise, et dont ne peuvent plus sortir ni le jury ni les parties, alors même qu'un fait nouveau vient à surgir du débat, ce fait fût-il de nature à modifier la question soumise au jury. Il y a longtemps que les imperfections de la justice civile en Angleterre ont été signalées par William Paley, par Bentham lui-même, et de nos jours ces critiques n'ont rien perdu de leur valeur. Nous pouvons donc avec un incontestable avantage opposer nos magistrats au jury anglais dans la connaissance des affaires d'intérêt privé, nos tribunaux aux assises civiles de chaque comté, et nous sommes peu surpris qu'en 1848, où tant de systèmes étaient mis au jour en toute chose, les quelques voix qui s'étaient élevées pour demander le jury au civil soient retombées dans l'isolement et le silence.

Notre juridiction criminelle serait-elle restée au-dessous de la juridiction anglaise ? Nous ne le pensons pas non plus. Deux choses remédient à tout en Angleterre, la liberté de la presse et l'indépendance absolue de la magistrature. Qu'on suppose affaiblie l'une ou l'autre de ces garanties, que serait la justice criminelle au-delà de la Manche ? Là point de ministère public, point d'instruction proprement dite. L'*attorney-general* de Londres n'est pas un magistrat, c'est un avocat distingué désigné par le souverain pour le représenter dans les affaires qui intéressent l'état et la couronne ; il ne poursuit d'office que les crimes de haute trahison. Les *coroners* ne s'occupent que du meurtre. Pour les autres crimes et pour les délits, la poursuite est abandonnée aux parties intéressées. Il dépend ainsi du premier venu de saisir la justice et de servir sa vengeance par des actions téméraires. Ce qui se passe en France devant les tribunaux correctionnels, où le droit de citation directe est admis entre parties, nous indique assez à quels abus cela peut donner lieu. Il y a peu d'années, lord Brougham a vivement réclamé l'institution du ministère public ; mais il n'a pu triompher des vieux us, qui en Angleterre arrêtent à la fois le bien et le mal. Nous devons reconnaître qu'en France l'instruction est beaucoup plus lente qu'en Angleterre. Qu'importe cependant, si elle est mieux faite ? Quelle que soit l'honorabilité des juges de paix dans chaque comté, il est bien permis de dire qu'ils ne valent pas nos juges d'instruction : ce sont pour la plupart de riches propriétaires, sans connaissances spéciales, et qu'anime uniquement le désir de bien faire et d'apporter en tout une incontestable loyauté, ce qui ne suffit pas toujours à l'œuvre de la justice. D'un autre côté, si nous n'avons plus de jury d'accusation, comme en Angleterre, nous possédons des chambres de mise en accusation composées de magistrats éclairés, versés dans la pratique, du droit criminel, et qui peuvent assurément soutenir la comparaison avec les notables du grand jury. Nous opposera-t-on la composition des cours d'assises anglaises, dites cours de *nisi prius* ? Elle n'a rien qui puisse exciter notre envie. Quand il s'agit de prononcer sur la vie d'un accusé, de le priver de sa liberté pour un temps plus ou moins long, nous aimons mieux que trois magistrats au lieu d'un seul soient appelés à rendre la décision, et quant aux incidents de procédure qui peuvent naître au cours du débat, il nous semble qu'ils n'ont également rien à perdre à la pluralité des juges. Notre institution n'est-elle pas plus libérale que l'institution anglaise sous un autre rapport ? Une loi de 1832 a permis au jury français de déclarer qu'il existe en faveur de l'accusé reconnu coupable des circonstances atténuantes, et sur cette déclaration la cour doit abaisser la peine d'un degré, elle peut l'abaisser de deux. Le verdict anglais est inflexible : *gulty*, coupable, ou *not gulty*, non coupable. Laissons-lui donc son impassibilité, sa stoïque rigueur, et ne craignons pas de proclamer aux yeux des nations voisines que nous avons fait un grand pas vers le progrès en matière pénale, c'est-à-dire vers l'humanité, le jour où nous avons laissé à notre magistrature populaire la liberté de mêler à sa réponse une pensée d'indulgence et de commisération.

En matière criminelle, il s'est fait en France un partage entre le jury et les tribunaux correctionnels, et depuis 1791 ces tribunaux ont constamment jugé les faits qui ne sont punis que de peines correctionnelles ; c'est-à-dire de l'amende et de la prison. Royer-Collard n'a pas craint de déclarer que dans notre organisation moderne la police correctionnelle était une juridiction d'exception. « L'exception ne dérive point, a-t-il dit, de la nature des choses, qui est évidemment la même dans le crime et dans le délit ; on convient qu'elle est uniquement fondée sur la différence des peines et la moindre gravité de celles qui s'appliquent au délit. La sûreté est moins protégée, parce qu'elle est moins compromise. L'exception, qui emporte la moindre protection, est donc une véritable imperfection qu'il faut avouer quand on confesse ou plutôt quand on professe le jury. Elle est excusable, je le sais ; mais elle a besoin de se faire excuser, parce qu'elle est une dérogation à la justice. » Ce partage entre le jury et les tribunaux correctionnels a cependant excité peu de réclamations. Si la justice correctionnelle s'exerce généralement avec une certaine rigueur, les peines qu'elle prononce ne sont point irréparables, et les erreurs qui ont pu lui échapper sont en bien petit nombre. En 1848 l'application du jury en cette matière a été rejetée à une assez grande majorité ; mais, il faut le dire, depuis quelques années la justice correctionnelle tend à sortir du cercle où elle a été renfermée et à se substituer aux cours d'assises. Ce qui peut surprendre dans un pays qu'on accusait naguère d'aimer à l'excès la légalité, c'est que ce déplacement de juridiction ne résulte d'aucune loi : l'usage s'est introduit dans les parquets d'écarter des faits poursuivis et réputés criminels les circonstances aggravantes et de les réduire aux conditions de simples délits sur lesquels il n'appartient plus alors au jury, mais au tribunal correctionnel, de statuer ; on appelle cela *correctionnaliser* les affaires. Est-ce un bien ou un mal ? Sans examiner en soi la mesure, qui pourrait suggérer plus d'une réflexion, il nous semble qu'il n'est jamais bon de façonner la loi à des prescriptions, à des exigences administratives, et de l'éluder de propos délibéré ; d'ailleurs les compétences touchent à l'ordre public. Qu'arrive-t-il ? Ce n'est plus le code qui règle ici les juridictions, c'est le magistrat instructeur ; ce n'est plus le pouvoir législatif qui fait ou modifie la loi, mais le pouvoir judiciaire. De là donc à l'anarchie dans le jeu des institutions, on sent que la distance n'est pas très grande. Près de chaque tribunal correctionnel était une chambre du conseil, composée de trois juges et du juge d'instruction. C'était cette chambre qui décidait de la poursuite. Il y avait là une véritable garantie pour tous les citoyens. Ainsi l'avaient pensé, après l'assemblée constituante, les législateurs de 1808, qui n'avaient pas trouvé de meilleur moyen de suppléer aux mesures prises par cette assemblée contre l'erreur ou l'injustice possible d'une accusation. Les législateurs actuels ont vu dans cette chambre une superfétation pour la procédure correctionnelle, une entrave à la célérité des affaires, et l'ont supprimée. D'après la loi du 17 juillet 1856, la poursuite est laissée à la prudence du juge d'instruction.

Depuis 1852, la compétence des tribunaux correctionnels a reçu une importante extension : ils connaissent aujourd'hui des délits de presse. Est-ce la première fois que ces sortes de délits sont soumis à leur juridiction ? Il y aurait peu de bonne foi à le laisser croire, mais il n'est pas non plus permis de dissimuler les objections qui se sont élevées dans d'autres temps, qui s'élèvent encore à cet égard. On s'est demandé si la dévolution de cette compétence à la justice correctionnelle était dans les idées de 1789. L'opinion de l'assemblée constituante se dégage d'elle-même ; on faisait alors de la liberté de la presse, de la libre discussion un principe fondamental, et, comme l'opinion publique n'avait pas d'autre moyen de se manifester que par la presse, on estimait que les écarts de l'opinion publique commis par cette voie ne pouvaient être jugés que par le pays lui-même ou par le jury. On sait maintenant d'ailleurs quelle était la pensée de l'assemblée sur la répression pénale : elle avait proscrit la permanence du juge, frappée qu'elle était de ce que le magistrat le plus honnête et le moins partial est conduit insensiblement à une certaine dureté dans le jugement des accusés. Comment n'aurait-elle pas voulu mettre la presse à l'abri de cet excès de rigueur qu'elle redoutait même dans l'appréciation des délits et des crimes qui n'avaient rien de commun avec les libertés publiques ? L'assemblée alla jusqu'à penser qu'il fallait soumettre au jury les délits de presse qui, intéressant les particuliers, étaient poursuivis sous la forme d'une demande en dommages-intérêts devant les tribunaux. Thouret disait très nettement au nom du comité de constitution : « Je pense qu'il est indispensable d'établir constitutionnellement dans cette cession le jury en matière criminelle, et de let mettre en activité aussitôt qu'il sera possible. Il faut l'établir même dans les tribunaux militaires, et encore pour les délits de presse, quand ils seraient poursuivis au civil. » Aucun débat n'eut lieu à ce sujet, et la compétence du jury pour les délits de presse fut inscrite comme un principe fondamental dans le chapitre V de la constitution.

Restait à élaborer la loi réglementaire. Les gouvernements qui suivirent la révolution aimèrent mieux se faire un instrument de la presse et l'asservir tout en proclamant qu'elle était libre. Il était réservé au gouvernement de la restauration de réaliser le vœu de l'assemblée constituante. Il est intéressant d'ouvrir *le Moniteur* à la date de 1817 et de 1819 : avec quelle ardeur passionnée était défendue la liberté de la presse ! L'assemblée constituante n'en aurait pas été plus jalouse. Un noble pair se livrait à des recherches, et trouvait dans la monarchie neuf cent cinquante-deux années de temps barbares avant la découverte de l'imprimerie, trois cent cinquante et une années depuis cette découverte, sous le régime varié de l'oppression ou de la censure de la presse, trois années de liberté depuis le 27 août 1789 jusqu'au 17 août 1792, trois ans de cette même liberté sous le directoire jusqu'au 18 fructidor, six ans sous la restauration : somme totale, à peu près douze années de liberté de la presse dans une monarchie de près de quatorze siècles !... « Sommes-nous donc, s'écriait-il, déjà si fatigués de cette liberté ! » M. de Barante a voulu rappeler la glorieuse part que Royer-Collard avait prise à cette discussion. Royer-Collard combattit la juridiction du tribunal correctionnel, qu'il appelait un tribunal d'exception. La loi, selon lui, n'avait point caractérisé chaque délit à l'avance ; elle s'était arrêtée à des définitions tellement générales que le pouvoir du juge, pour déterminer le délit, était à peu près arbitraire. Qu'est-ce que la calomnie, l'injure, la diffamation, l'outrage ? Qu'est-ce que la provocation directe ou indirecte à la désobéissance aux lois ? Il n'y a de jugements que ceux qui sont écrits à l'avance dans un texte ; faute de ce type, les jugements ne sont que des décisions morales rendues dans l'intérêt public, autorisées, mais non dictées par les lois ; « les juges ne sont alors que des arbitres guidés par la lumière naturelle de l'équité et de la raison, ce ne sont pas des magistrats chargés de l'application de la loi selon des règles fixes et posées à l'avance. »

Cet argument, qui revient chaque fois qu'il s'agit des juridictions en matière de presse, est-il véritablement fondé ? Si les délits de presse ne sont pas définis à l'avance, c'est qu'ils échappent aune définition rigoureuse ; la pensée a mille formes, et vouloir la jeter dans le moule de telle ou telle formule serait insensé. Ces délits sont, dit-on, très difficiles à caractériser. Soit ; mais qui donc en saisira mieux les nuances que le magistrat habitué à peser les faits et les intentions, à découvrir la vérité dans ses retraites les plus cachées ? Si vous le repoussez, c'est donc que vous suspectez sa loyauté ? Telle est la réponse que l'on a faite et, disons-le, qu'on devait faire à cette manière d'envisager la question. D'autres, ce nous semble, ont été mieux inspirés dans ce débat en rappelant tout simplement quelle avait été la préoccupation de l'assemblée constituante, et ils ont pu décliner la juridiction correctionnelle sans manquer de respect à la justice du pays. Il ne faudrait jamais oublier en effet où en était arrivée la magistrature en matière criminelle sous l'ancienne législation, et les écrivains qui ont pris soin de le signaler ont rendu à la justice et aux magistrats un égal service.

On peut donc le dire sans irrévérence pour personne, ce qu'on avait voulu, en écartant la magistrature dans les affaires criminelles, c'est une certaine douceur qu'elle était impuissante à conserver dans ces affaires ; on ne mettait en suspicion ni ses lumières, si supérieures à celles du jury, ni la pureté de ses intentions, et ce serait une détestable tactique que celle des polémistes qui, dans ce débat, défendraient la loyauté des magistrats, comme si elle était en cause. On avait dessaisi les tribunaux parce qu'on pensait que le jury, incessamment renouvelé dans le sein même du pays, porterait sur son siège « une liberté de jugement et pour ainsi dire une fraîcheur de conscience particulières, » pour employer l'expression de M. Langlais dans son rapport sur les listes du jury. Or c'est là précisément ce que demandait Royer-Collard pour les délits de presse, sans toutefois donner à sa pensée l'appui du meilleur argument, et son opinion ne se démentit jamais. Même en 1835, après l'attentat de Fieschi, il repoussa non moins énergiquement pour la presse la juridiction exceptionnelle de la cour des pairs. Il était convaincu en outre qu'une juridiction permanente avait tout à perdre avec la presse. Là rien de fixe, tout est mobile comme le souffle de l'opinion publique. Le délit lui-même est inconstant ; ce qui est délit dans un temps ne l'est plus dans un autre ; d'heure en heure, avec le vent, avec les hommes qui arrivent au pouvoir ou en descendent, les choses prennent un aspect différent. Comment donc imposera la conscience paisible, à la manière de voir uniforme et invariable du magistrat, la discipline de cette insaisissable puissance sans l'exposer à des démentis, à l'impopularité ? Si les délits de la presse sont mobiles, ils réclament un tribunal également mobile, qui, se renouvelant sans cesse, exprime fidèlement les divers états des esprits et les besoins changeants de la société. « Un tribunal permanent juge de la presse, s'écriait enfin Royer-Collard, perpétuellement battu par les flots irrités des partis, s'abîmera bientôt dans l'impuissance. Alors, messieurs, alors la chambre des pairs, décriée, avilie, frappée de mort politique, ne pourra plus revivre que par l'élection. La chambre des pairs élective, voilà, messieurs, la dernière et inévitable conséquence de la loi. » La connaissance, des délits de presse, attribuée au jury par la loi du 26 mai 1819, remise aux tribunaux correctionnels par celle du 25 mars 1822, rendue au jury en 1830, déférée de nouveau à ces tribunaux parles décrets de 1852, a été, comme on le voit, bien différemment envisagée selon les temps et les régimes.

L'assemblée constituante avait encore voulu que nos formes judiciaires fussent rapides ; elles ont sous ce rapport réalisé, il faut en convenir, un grand progrès sur les anciennes, dont la lenteur est demeurée proverbiale. Un procès dévorait autrefois une partie de l'existence et souvent aussi une partie de la fortune des plaideurs ; il passait aux enfants, aux neveux, et avant lui parfois s'éteignait la famille. Les formalités introduites dans la procédure pour sauvegarder les intérêts des particuliers avaient fini par en devenir le fléau. Aujourd'hui les plus longs procès ne dépassent pas quelques années ; les interminables enquêtes d'autrefois se font en quelques heures, tout au plus en quelques jours. Le travail de l'audience n'est pas moins prompt ; plus de longs discours, plus de phrases de convention ni de trop savantes recherches ; le débat est alerte, parce que chacun sait où doivent porter les coups : les passes d'armes sont interdites. Les temps sont donc changés. Le croirait-on ? l'on a pu craindre que l'œuvre de la justice ne s'accomplît désormais avec trop de précipitation. Il s'était introduit dans les habitudes judiciaires une promptitude d'examen qui pouvait nuire à la manifestation de la vérité, à la dignité même de la magistrature, et qu'on a bientôt signalée. D'où venait cette regrettable tendance ? D'une chose nouvelle, qui a son bon côté et ses dangers, la statistique administrative. Chaque année, les tribunaux ont à rendre compte du nombre des affaires jugées ; chaque année également, ce nombre est inscrit dans un rapport officiel où les chiffres sont pris en trop grande considération. De là de fâcheuses et injustes comparaisons. Aux yeux de la statistique, quel est le meilleur tribunal, le meilleur magistrat ? Celui qui juge le plus. La statistique ne demande pas en effet comment a fini le procès, mais s'il est fini. Son raisonnement aboutit à un chiffre, rien de plus. Heureusement la magistrature a résisté à ce fatal entraînement, qui déjà avait imprimé à la justice parisienne une célérité singulière. Nous blesserions la modestie des magistrats qui ont eu la sagesse d'arrêter ce grand mal en les remerciant au nom de l'humanité et de la justice même ; mais ce que nous pouvons affirmer, c'est que les annales du palais leur garderont bon souvenir de la salutaire résolution qu'ils ont prise, et qui les honore. L'avocat peut aujourd'hui se présenter à la barre avec la certitude d'y trouver la bienveillante attention du juge. La dignité de la justice n'y a rien perdu, mais le droit sacré de la défense y a beaucoup gagné. Quelle chose en effet plus cruelle au monde que d'être condamné sans être entendu ! Laissons à la matière poussée par la vapeur ou le feu son inintelligente vitesse, à l'œuvre de la justice sa prudente et sage mesure. N'est-ce pas en cette œuvre difficile que la raison commande surtout de se hâter lentement ? Un président de chambre à la cour de Paris avait inscrit sur le premier feuillet de son code cette parole du Digeste : *circa advocatos patientem esse proconsulem oportet* ; il fit plus, il ne l'oublia pas et prêta toujours à l'avocat, à la cause du plaideur une oreille patiente et attentive. Il laissa dire la statistique, et sa renommée n'en a pas souffert.

En définitive, notre organisation judiciaire est bonne et n'appelle pas, ce semble, de réformes radicales. Que reste-t-il à faire ? En 1852, sous l'influence de certaines critiques qui s'étaient produites, l'Académie des Sciences morales et politiques mit au concours la question de savoir quelles étaient les réformes à introduire dans notre procédure civile. L'ouvrage de M. Raymond Bordeaux, couronné par l'Académie, sur le rapport de M. Portalis, s'est arrêté à deux points importants, le choix et le traitement des magistrats. Or ces deux points, le premier surtout, étaient également ceux qui avaient le plus préoccupé l'assemblée constituante. Par la création des juges de paix, elle avait voulu implanter au sein des campagnes une justice paternelle, douce et entourée d'une telle considération que par sa seule influence la tranquillité fût partout maintenue. Le juge de paix devait être l'un des hommes les plus estimés du pays, et c'est aux citoyens du canton que l'assemblée avait laissé le soin de le désigner par leur suffrage. Les membres des commissions de paix en Angleterre sont les propriétaires les plus importants et les plus estimés de chaque comté, jouissant d'un manoir de 100 livres sterling de revenu, ou qui possèdent en expectative par succession 300 livres de rente. Les pairs d'Angleterre, les princes du sang ne dédaignent pas de faire partie de la commission de paix. En France, sous l'empire, le droit de choisir les juges de paix fut réduit, pour chaque canton, à la présentation de deux candidats au chef de l'état, et bientôt leur nomination passa au gouvernement seul, qui l'a conservée. À leurs fonctions de juges et d'officiers de police judiciaire se sont mêlées des attributions politiques qui ont peut-être altéré le caractère de cette magistrature primitive et toute de famille, chez laquelle on ne doit rien soupçonner de suspect ; mais c'est contre leur choix que s'élève le plus vivement M. Raymond Bordeaux. « La manie des places, dit-il, si tristement développée chez nous dans ces dernières années, le besoin d'une position pour tout individu déclassé, et surtout les considérations politiques ont fait asseoir sur le siège respectable des tribunaux de paix des magistrats peu considérés. Prenez un à un, dans tel département, les juges chargés de concilier les procès, de vider les différends les plus

nombreux, d'interposer leur autorité dans les familles, et cherchez leur origine : presque tous seront, non pas des notabilités respectées dans la contrée, mais d'anciens greffiers, d'anciens notaires, d'anciens huissiers même. Tel notaire a-t-il été obligé d'abandonner une charge où il ne pouvait vivre, il sollicite aussitôt une justice de paix, et il l'obtient de préférence. Ici, le greffier qui hier vendait à l'encan les récoltes du canton s'assied aujourd'hui sur le tribunal au pied duquel il écrivait naguère ; plus loin, un ex-huissier juge le banquier campagnard qui le gratifiait de sa clientèle, et pour lequel il dénonçait des protêts ou pratiquait des saisies. »
Si cette peinture est exacte, on voit la profondeur du mal et combien il importe de relever une fonction qui repose plus que toute autre encore sur l'estime publique. Aussi l'auteur du mémoire voudrait-il qu'on exigeât de tout candidat le grade de licencié en droit, qu'on lui imposât un examen. Il pense même que l'inamovibilité rendrait à ces magistrats l'indépendance qui leur manque, et que, s'ils étaient tenus de justifier de quelque propriété, ainsi que le faisait observer M. Dupin des 1814,

ils auraient plus de consistance personnelle et plus d'ascendant sur la population.

Selon l'auteur du mémoire, le choix des magistrats d'un degré supérieur laisserait aussi beaucoup à désirer, et demanderait une prompte réforme. Il ne s'agit point de revenir à l'élection, mais de faire en sorte que le juge n'entre en fonction qu'après avoir acquis les connaissances qu'on est en droit d'exiger de lui. Les avocats sont soumis à un stage, les médecins à des épreuves qui témoignent de leur expérience et de leur savoir. Dans plusieurs états de l'Europe, il existe des institutions préparatoires pour la magistrature ; on en voit en Prusse, en Pologne, en Hollande, même en Autriche. Notre vieille magistrature avait trouvé le moyen de relever la fonction, que la vénalité des offices tendait à dégrader, par la sévérité des examens auxquels chaque candidat était soumis. Ces examens duraient plusieurs jours. Après avoir justifié du titre de licencié et de la fréquentation du barreau pendant trois ans, le candidat devait soutenir une argumentation sur un texte donné trois jours à l'avance et discuter le point de droit qui lui était indiqué à livre ouvert. Si l'examen avait été satisfaisant, un sac de procès lui était remis, et il devait en faire le rapport. Ce n'était pas trop exiger, disait un ancien magistrat, de celui à qui sont confiés la vie, l'honneur, la fortune des citoyens. Aujourd'hui le licencié qui descend des bancs de l'école peut à la rigueur monter sur le siège du juge ; mais, magistrat prématuré, il n'acquerra l'expérience qu'en faisant des victimes. Les magistrats ne sont pas les derniers à solliciter des réformes à cet égard. M. le conseiller de Bastard n'est pas moins pressant que M. Raymond Bordeaux : « Si, à défaut d'avantages pécuniaires que la constitution de la magistrature française ne permettra jamais de lui offrir, on ne lui rend pas une position conservatrice de sa dignité et appropriée à nos mœurs et à nos lois, la magistrature, frappée à mort, ne sera plus pour ceux qui s'y seront engagés que la plus triste des conditions. Abandonnée par les fils de famille, que l'on n'aura pas su y faire entrer de bonne heure, délaissée parles intelligences d'élite qui, dans une organisation plus féconde, seraient fières de lui appartenir, désertée pour les fonctions plus brillantes et mieux rétribuées de l'administration, dédaignée pour les professions libérales, la magistrature qui occupa jadis une si grande place dans l'histoire de notre pays et qui était l'objet du respect de l'Europe entière, déchue de son antique noblesse et de sa dignité morale, n'aura plus désormais, dans la société française qu'une position inférieure et subordonnée. » Ainsi s'exprime l'honorable magistrat, qui se prononce pour le noviciat judiciaire, et y verrait la source de grands bienfaits pour l'avenir. Quoi qu'il en soit des réformes proposées, on doit dire que le gouvernement de 1830 regretta les juges-auditeurs, et que dans les dernières années du règne du roi Louis-Philippe il fut question de revenir à une institution équivalente. Nul ne le sait mieux que l'homme distingué qui est aujourd'hui à la tête de l'ordre judiciaire en France, et qui a trop compté personnellement dans la magistrature pour ne pas être touché des améliorations dont cet ordre peut être l'objet.

Quant au traitement de la magistrature, il est toujours un sujet d'étonnement pour l'étranger qui visite nos tribunaux et observe avec attention notre système judiciaire. Comment croire que ces belles et imposantes fonctions assurent à peine à celui qui en est revêtu le bien-être le plus vulgaire ? Quoi ! 3,000 francs au magistrat qui est arrivé à la moitié de l'existence ! 17,000 francs à celui qui a le rare bonheur de toucher au pinacle et de trouver à la cour suprême un siège aussi envié que les fauteuils académiques ! Comment peut subsister le premier avec sa famille ? Par quels efforts est arrivé le second ? Là est en effet un vice réel dans notre organisation judiciaire, où le magistrat sans patrimoine est voué à la pauvreté. L'Angleterre au contraire a cherché par le traitement à relever le prestige de la fonction et à en assurer l'indépendance. Ce traitement varie dans les fonctions supérieures de 100 à 350,000 fr., dans les fonctions inférieures de 30 à 60,000 fr., et encore le secrétaire de la reine à la cour de l'Échiquier est-il le seul qui ne reçoive que 30,000 fr. Ce n'est que dans les juridictions du dernier ordre que le traitement des magistrats descend à 5,200 fr. Le lord-chancelier reçoit 350,000 fr., le lord-président de la cour du Banc de la reine et de la cour des Plaids communes 200,000 fr., celui de la cour de l'Échiquier 175,000 fr. Les pensions de retraite de ces magistrats atteignent également des chiffres très élevés ; en 1850, vingt-sept hommes de robe recevaient en Angleterre, à titre de pension de retraite, 1,78,7,550 fr. Les magistrats anglais sont fort peu nombreux, il est vrai, et dans nul autre pays le corps de la magistrature, organisé sur d'autres bases, ne pourrait émarger d'aussi énormes traitements ; mais n'est-il pas permis d'attendre mieux pour la magistrature française ? Doit-elle se contenter d'être la plus instruite et la moins rétribuée de l'Europe ? Des différents ministères, celui de la justice est un de ceux qui pèsent le moins sur le budget. Le ministère de l'intérieur est inscrit pour 48 millions, celui de l'instruction publique et des cultes pour 66, celui des travaux publics pour 113, celui de la marine pour 148, celui de la guerre pour 387, celui des finances pour 484. Le ministère de la justice ne reçoit que 31 millions au budget de 1862, et si l'on veut compter ce que rapportent au fisc les amendes, les droits de greffe, d'enregistrement et de timbre, on sera convaincu que la magistrature entre véritablement pour peu dans les dépenses du pays. Près de certains tribunaux de première instance, le traitement du juge s'abaisse à 2,200 fr., celui du procureur impérial à 3,400 fr. En dehors de Paris et de quelques grandes villes, où d'ailleurs les exigences de la situation rétablissent l'égalité avec les autres résidences, le traitement ne dépasse jamais pour les juges 2,800 fr., et pour le procureur impérial 5,600 fr. Le traitement des conseillers à la cour varie de 4,600 à 6,600 fr., celui des procureurs-généraux et des premiers présidents de 15 à 25,000 fr. Et cependant les chefs de corps sont tenus à une certaine représentation qu'ils doivent à leur fonction, et qui absorbe la plus grande partie de leur traitement, lorsque, suivant l'expression consacrée, ils font convenablement les choses. Que dire des pensions de retraite ? On n'y arrive qu'après trente ans de service ; mais en revanche, basées sur la moitié du traitement, elles ne procurent pas toujours le nécessaire. Au surplus, le traitement des magistrats a déjà été ici même l'objet des observations de l'écrivain le plus autorisé. Nous savons bien qu'un pas a été fait à cet égard par la loi de finances de 1860 ; mais ce pas a été si timide qu'il n'a pas élevé l'ancien traitement au niveau des nouveaux besoins matériels de la vie. Si la magistrature, ainsi qu'on l'a dit, rend des arrêts et non des services, il est de la dignité d'un pays comme le nôtre d'honorer cette grande institution par le traitement même, d'élever ce traitement assez haut pour qu'il réponde à toutes les exigences de la famille, ce n'est pas en ceci que le bien public exige des économies ; il convient aussi de niveler les choquantes disproportions qui existent pour le chiffre des traitements dans l'échelle de la hiérarchie, afin que le besoin de l'avancement ne puisse troubler la conscience du juge sur le siège d'aucun tribunal et ne lui inspiré jamais la pensée de le chercher ailleurs que dans son dévouement à l'œuvre sacrée de la justice. Le magistrat ne doit-il pas oublier que les moments lui sont comptés ? Une loi rigoureuse a désormais fixé la vie du juge : quelles que soient ses lumières et ses forces, à soixante-dix ans il est réputé impropre à ses fonctions ; le décret du 1er mars 1852 lui enlève son siège, et ne lui montre plus en perspective qu'une pension de retraite qui lui sera mesurée sur la durée de ses fonctions et le degré plus ou moins élevé qu'elles auront atteint dans la hiérarchie, à moins qu'il n'ait la rare faveur de voir s'ouvrir devant lui les majestueuses portes de la cour de cassation, où la capacité judiciaire a le privilège d'être présumée jusqu'à soixante-quinze ans pour la magistrature assise, et indéfiniment, comme partout ailleurs, pour les magistrats amovibles du parquet. À peine sorti d'une audience où il venait d'être replacé sur un siège de conseiller à la cour suprême, un premier président, parvenu à la limite d'âge, s'écria gaiement : « Hier encore j'étais au nombre des incapables, aujourd'hui j'ai retrouvé pour cinq ans les lumières et la raison. » Le gouvernement aurait pu répondre à la vérité qu'il n'use de son droit que quand bon lui semble. On a remarqué toutefois que le décret de 1852 n'ôte pas au magistrat ses fonctions à l'instant même où s'accomplit sa soixante-dixième asiate : celui-ci peut siéger tant qu'il n'est pas remplacé, dit formellement le décret, tant qu'il n'a pas eu officiellement connaissance de sa mise à la retraite, a dit à son tour la cour de cassation en allant plus loin ; mais jusqu'au remplacement ou jusqu'au jour où sa mise à la retraite lui est connue, le magistrat reste à bon droit sur son siège. Quelle est alors sa situation ? Il peut conserver ses fonctions un an, dix ans ; il peut les perdre tout à coup, s'il plaît au gouvernement. Il n'est donc plus inamovible dans cette nouvelle période de sa carrière, objecte M, Bonnier, et à ce point de vue, selon lui, le décret « porte une atteinte indirecte au principe de l'inamovibilité. » Nous n'examinerons point cette question avec le savant professeur ; nous dirons seulement que si le décret de 1852 a marqué l'époque fatale où la fonction peut s'évanouir, si l'heureuse illusion sur laquelle s'endort l'humanité, et qui lui fait entrevoir l'éternité dans les choses qui, comme la vie, n'ont point de limites précises, si cette illusion, qui soutient son courage et multiplie ses forces jusqu'au dernier jour, a disparu aux yeux du magistrat dont la carrière, autrefois elle-même illimitée, doit aujourd'hui se fermer à heure dite, il nous semble qu'il est juste d'offrir à ses aspirations et à ses espérances détruites, à son existence brisée, la légitime compensation d'un traitement ou d'une retraite plus complètement rémunératoire.

Il ne faut pas perdre de vue en dernière analyse, et c'est là ce que nous avons essayé de faire ressortir par cette étude, que tous les droits naturels et civils, et avant tout la liberté, reposent sur la fermeté de la magistrature. Ainsi l'avait compris le législateur de1789, lorsqu'il inscrivit le pouvoir judiciaire au nombre des trois grands pouvoirs de l'état. Sous le gouvernement, militaire de l'empire, la magistrature se vit entourée de pourpre et d'honneurs ; mais elle perdit dans la constitution la place que lui avait décernée l'assemblée nationale, et qu'elle n'a plus retrouvée depuis, si ce n'est un moment dans la constitution éphémère de 1848. Qu'importe cependant si elle la conserve dans le sentiment public, dans l'esprit même des institutions ? Qu'importe si elle se meut librement en présence des autres pouvoirs, si nul enfin ne peut douter de son intégrité et de sa force ? Veut-on mesurer sûrement toute l'influence, toute la portée de son action : qu'on se demande ce que valent les lois lorsqu'elles ne sont point appliquées avec sagesse, ce que seraient les droits les plus imprescriptibles, si les tribunaux n'avaient pas le courage de les faire respecter, ce que deviendrait l'innocence même, si une seule fois il pouvait arriver que la voix du délateur ou du coupable fût plus puissante ou mieux accueillie que la sienne, où serait enfin la sécurité pour les citoyens si le pouvoir judiciaire n'avait plus l'énergie de s'élever au-dessus du pouvoir exécutif, et subissait ses caprices et sa loi ! Mais à l'inverse qu'on observe ensuite ce qu'est un pays dans lequel, en portant les regards sur la magistrature, chacun peut se dire sans hésiter : Là est encore l'indépendance, là sera toujours la probité !

Made in the USA
Monee, IL
05 November 2026

67972642R00083